AF612948

U0001-002

ŒUVRES

DE

SAINT-SIMON & D'ENFANTIN

PRÉCÉDÉES DE DEUX NOTICES HISTORIQUES

XXXe VOLUME

ŒUVRES
D'ENFANTIN

PUBLIÉES PAR LES MEMBRES DU CONSEIL

INSTITUÉ PAR ENFANTIN

POUR L'EXÉCUTION DE SES DERNIÈRES VOLONTÉS

DIXIÈME VOLUME

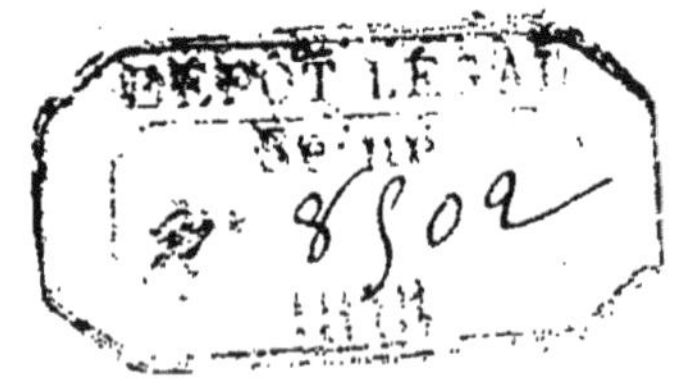

PARIS
E. DENTU, ÉDITEUR
LIBRAIRE DE LA SOCIÉTÉ DES GENS DE LETTRES
PALAIS-ROYAL, 17 ET 19, GALERIE D'ORLÉANS

1872

Tous droits réservés.

PRÉFACE

Le dixième volume de la correspondance d'Enfantin, que nous publions aujourd'hui, renferme deux lettres particulièrement remarquables entre tant d'autres qui sont aussi marquées au coin de l'élévation et de la profondeur dans l'appréciation du présent et dans la prévision de l'avenir.

L'une de ces lettres fut adressée, du Caire, à notre regrettable ami, Arlès-Dufour, le 25 octobre 1835, au lendemain du procès-monstre, de l'attentat de Fieschi et des lois de septembre, c'est-à dire, alors que le Gouvernement de Juillet, attaqué à main armée, par les républicains et les socialistes, venait de les écraser et s'était empressé, après la victoire, d'adopter à leur égard une politique exclusivement répressive, solennellement flétrie en plein parlement par Royer-Collard, en réponse au premier ministre, M. le duc de Broglie.

Enfantin pensait qu'en de telles circonstances il était temps d'en finir, en France, avec cette politique brutale et stérile qui avait été si fatale à tous les régimes précédents, et il exposait au plus intime de ses amis le programme d'un gouvernement de conciliation à substituer au *gouvernement de combat*, lequel menaçait dès lors de devenir traditionnel chez le peuple le plus civilisé de l'univers.

Vainqueur de la triple insurrection des royalistes de l'Ouest, des républicains de Paris et des socialistes de Lyon, le roi Louis-Philippe se trouvait en mesure d'étudier attentivement, sous la protection de l'ordre chèrement rétabli, les causes fondamentales et permanentes du désordre. C'était le cas de tenter un esssai loyal des améliorations sociales qui seraient jugées praticables et qui pourraient seules prévenir de nouvelles irruptions du flot montant du socialisme révolutionnaire. C'est ce qu'Enfantin, du fond de l'Egypte, s'appliquait à démontrer à Arlès, dont il connaissait les bonnes relations avec des hommes éminents du monde politique, soit en France, soit à l'étranger.

« Aujourd'hui, disait-il, le Gouvernement n'a plus peur de voir entonner par les journaux et les théâtres, dans des intentions perturbatrices, la trompette de l'émeute, le chant de guerre du prolétaire. Eh bien, il y a ici pour lui une volte habile à faire : le libéral M. Thiers est bien aujourd'hui ministre d'un roi qui enchaîne la presse; je ne vois pas pourquoi demain il ne serait pas l'avocat insinuant et adroit des hommes qu'il a fait mitrailler naguères, et leur avocat auprès de ceux dont il s'est servi pour les faire mitrailler ; il a acquis, ce me semble, un assez bon droit de parler pour eux, sans passer pour leur complice. C'est là, selon moi, la solution de la question d'amnistie, car pour les pauvres malheureux qui sont dans les prisons, il n'y a qu'à continuer ce qu'on a déjà fait, et les grâcier d'autant plus vite qu'on aura de bonne notes sur leur conduite ; mais pour eux le mot d'amnistie m'a toujours paru faux et d'une sensiblerie puérile et constitutionnelle.

« Oui, c'est au gouvernement à être aujourd'hui auprès des classes riches, éclairées, auprès des hommes de loisir, des bourgeois, l'avocat *insinuant* des classes ouvrières, malheureuses, ignares, des journaliers, des prolétaires ; lui seul peut amener sans secousses une amélioration dans leur existence morale, intellectuelle et physique que réclame impérieusement le progrès général de l'humanité et que désirent toutes les âmes généreuses, que désirent même tous les hommes qui sévissent si rigoureusement contre le prolétaire révolté, car ils savent bien qu'avec plus d'aisance et d'instruction et une éducation morale meilleure, le prolétaire, vraiment anobli, ne se révolterait plus. Aujourd'hui le nombre des hommes qui pensent que le peuple doit être abruti et misérable comme le fellah arabe, pour que la société soit tranquille, ce nombre est trop petit pour qu'on en tienne compte. »

Ce nombre, dont Enfantin pensait, en 1835, qu'on ne devait pas tenir compte, comme obstacle sérieux au développement de l'instruction populaire, a-t-il cessé d'être *trop petit*, en 1872, pour s'opposer efficacement à cette grande œuvre, parce qu'il a trouvé, dans les malheurs de la France, une occasion nouvelle, de faire grand bruit par ses folles prétentions?

Les ennemis du progrès intellectuel du prolétaire, jugés impuissants, au temps où M. Thiers était ministre du roi qui enchaînait la presse, n'ont pu certainement que s'affaiblir de plus en plus, à mesure que le génie de l'avancement a étendu ses conquêtes et activé sa marche jusqu'à pouvoir faire de M. Thiers, sur les ruines de trois monarchies, le président et le digne président d'une république acclamée par la France et estimée de l'Europe.

Il y a donc lieu, plus que jamais, à demander au gouvernement, dont M. Thiers est le chef, qu'il se fasse l'avocat *insinuant* des classes ouvrières, *malheureuses et ignares*, et qu'il s'efforce d'*amener sans secousses une amélioration dans leur existence morale, intellectuelle et physique*. C'est le moment de faire que ce qui n'apparaissait que comme un *rêve*, en 1835, dans la lettre d'Enfantin, prenne le caractère d'une *prophétie* et devienne une *réalité*.

Mais si l'autorité politique peut beaucoup dans l'étude et la recherche des moyens d'améliorer la condition intellectuelle et matérielle des prolétaires, il s'en faut qu'elle ait la même puissance dans l'ordre moral. Comme l'a dit Saint-Simon, *il n'y a point de société possible sans idées morales communes, et la religion a toujours servi de base à l'organisation sociale.* Or, l'État, en France, représenté par les pouvoirs publics, n'a point de religion dominante, point de catéchisme officiel; il professe la liberté absolue des consciences, et on a pu dire, sans qu'il s'en soit offensé et qu'il en ait été troublé, que la loi était *athée.*

En cette absence manifeste des croyances communes qui servent de base à l'ordre social;

Alors surtout que devient chaque jour plus éclatante cette vérité proclamée par de Maistre, qu'*il n'y a plus de foi sur la terre* et que *le genre humain ne peut rester dans cet état;*

Alors que l'anarchie des idées, des intelligences et des convoitises enfantée par cet athéisme va toujours croissant et qu'elle livre de plus en plus la société moderne aux débordements de l'individualisme;

Il est temps de reconnaître, avec le dernier des profonds penseurs du papisme, que *l'affaiblissement des principes moraux, la divergence des opinions, l'ébranlement des souverainetés qui manquent de base, l'immensité de nos besoin et l'inanité de nos moyens, ne laissent à tout vrai philosophe que l'opinion entre ces deux hypothèses, ou qu'il va se former une nouvelle religion, ou que le christianisme sera rajeuni de quelque manière extraordinaire.*

Nous l'avons dit et répété bien des fois dans le cours de cette publication, cette option a été réalisée par un vrai philosophe, dans le *Nouveau christianisme*, et Enfantin, développant la conception de son maître, s'est appliqué dans toutes ses œuvres à faire ressortir la nature religieuse du saint-simonisme. Mais les esprits superficiels, habitués à n'attribuer le caractère religieux qu'aux doctrines concernant les choses d'un autre monde, n'ont pu comprendre que les choses d'ici-bas fissent partie de la religion et que l'ordre matériel appartînt aussi bien que l'ordre spirituel à l'ordre divin. De là, l'accusation banale de matérialisme et de panthéisme élevée contre les saint-simoniens. La réfutation la plus péremptoire de cette accusation se trouve dans la seconde des lettres d'Enfantin, sur lesquelles nous appelons plus particulièrement l'attention de nos lecteurs, et nous ne saurions mieux terminer cette préface qu'en citant les derniers *paragraphes* de cette vigoureuse et puissante discussion, engagée avec un savant docteur en médecine dont les symptathies étaïent d'ailleure acquises à l'école saint-simonienne :

« Vous nous reprochez, dit Enfantin, de tomber dans le panthéisme, dans le spinosisme, et d'être sur la voie du *matérialisme*. Vous avez raison, pourvu que, d'un autre côté, vous reconnaissiez que nous sommes sur la voie du *spiritualisme*, et que vous vous expliquiez cette *double* voie par le but *unique* vers lequel elles convergent l'une et l'autre, c'est-à-dire comme révélant à l'homme, autant qu'il lui est donné de le connaître, l'impénétrable mystère de la VIE, du SENTIMENT DE L'ÊTRE. Cette double voie menant vers un même but, nous la *remontons*, tandis que les matérialistes et les spiritualistes, parcourant une seule de ses branches et négligeant l'autre, *divergent* du but unitaire, et marchent par conséquent les uns et les autres vers l'égoïsme, descendant la route que nous montons, partant du collectisme pour arriver au moi individuel, c'est-à-dire procédant en ordre inverse du développement de l'humanité, ou, en d'autres termes, quittant le Dieu universel pour arriver au fétichisme, à la divinité du moi.

« Pour nous, au contraire, Dieu n'est ni le *sujet* ni *l'objet*; nous ne sommes ni *anthropomorphites* ni *panthéistes*, mais nous tendons les bras aux uns et aux autres pour leur donner ce qui leur manque, pour les sortir du *rêve de* l'ABSTRACTION et leur montrer la *réalité de* L'ÊTRE.

« Remarquez que ce qui vous trouble, c'est que vous vous figurez que nous savons mieux ce que c'est que la *matière*, que nous ne connaissons la nature de l'*esprit*. En réalité, l'un est aussi mystérieux que l'autre; et ce qui l'est plus encore peut-être que tous deux, c'est leur union harmonique, constituant ce que nous appelons un ÊTRE; et ce triple mystère, qui est celui de l'homme lui-même, est aussi celui de tout être, et par conséquent de l'ÊTRE INFINI. Cette prédisposition que je combats en vous est le résultat de l'influence qu'exercent sur vous, à votre insu, les prétentions de notre siècle qui croit ne pas être *crédule* parce qu'il est *matérialiste*. Il n'y a pas cependant de quoi se vanter, car la définition du *corps brut*, ne peut se donner que par une négation, et la *matière* est impénétrable, comme Pascal et tant d'autres l'ont démontré.

« Une chose encore vous embarrasse, c'est le mot *abstraction*, et la manière dont vous nous l'avez vu employer. Il est bon pour cela de nous expliquer ensemble sur ce mot.

» La faculté d'abstraire, d'isoler, de séparer, est en même temps la preuve de la *faiblesse* de l'homme et la preuve de sa *puissance ;* elle est l'attribut de l'être, mais de l'être *fini et progressif*, car l'ÊTRE INFINI ne saurait rien isoler de lui et ne s'isolerait pas lui-même puisqu'il est par définition INFINI.

« Les abstractions auxquelles l'homme se livre n'ont donc d'autre valeur, d'autre *réalité* que celle-ci : c'est qu'elles lui permettent d'étendre sans cesse le champ du fini ; et à chaque progrès qu'il fait, de se confondre de plus en plus devant l'INFINI, de l'adorer plus ardemment, ce qui peut s'exprimer politiquement, de cette manière, savoir, que les progrès des *sciences et de l'industrie* n'ont de valeur que parce qu'ils font que l'homme *sait* et *peut* chaque jour mieux AIMER DIEU et l'HUMANITÉ. »

Tel est le dogme contre lequel la science et la raison, si fières de leur victoire sur les croyances du passé, n'ont rien à élever et à soutenir par démonstration. Tel est le Dieu, l'Être infini, conscient, reconnu par les fondateurs du christianisme, qui durent en ajourner le règne sur la terre, en considération de l'ignorance des peuples et de l'omnipotence brutale des Césars. Telle est la religion dont la théologie conduit logiquement à une organisation sociale, délivrée des ténèbres et des misères séculaires de l'antiquité et du moyen âge, et destinée à favoriser graduellement, sous les auspices de la loi et de la paix, l'amélioration morale, intellectuelle et matérielle du plus grand nombre des créatures humaines, pour réaliser autant que possible le règne de Dieu sur la terre.

Que ceux qui ne savent que pousser des cris de terrenr ét de colère, en entendant monter le flot des barbares et de l'athéisme, se pressent donc d'étudier cette religion, au lieu de la calomnier incessamment, faute de la connaître. Saint Paul ne fut-il pas un des plus ardents persécuteurs des premiers chrétiens? Puisse la lecture des écrits de Saint-Simon et d'Enfantin mettre sur le chemin de Damas les aveugles détracteurs du saint-simonisme!

CORRESPONDANCE

INÉDITE

D'ENFANTIN

CLXXXVIe LETTRE

—

A LAMBERT

Vieux-Caire, 6 septembre 1834.

Je savais déjà par Linant ce que tu dis de sa parole au Pacha pour les capitaines, et de la défiance de Boghos-bey. J'ai parlé au général Hattein-bey, mais je crois qu'il attendra Linant pour prendre une décision. Il a écrit sur sa dernière visite au barrage après les explications que je lui ai données de la part de Linant sur les dragues; et je crois que le but principal de sa lettre était de faire sentir au Pacha que le travail *à sec* était plus profitable que celui des dragues.

J'ai dîné chez lui avec Hoart. Artin et Akekin le sachant, ainsi que Dibadgi, y sont venus dîner avec nous. Le général m'a paru en meilleure disposition que jamais pour l'œuvre, et même plus expansif dans la forme qu'il ne l'est ordinairement. Il paraîtrait que l'on veut enlever Artin à l'école de Boulac, pour le consacrer entièrement au conseil, comme membre et comme traducteur. Akekin, dans ce cas, prendrait la direction. Je suis toujours bien plus content d'Artin que d'Akekin dont je ne sens pas encore la *franchise,* et qui a une foule d'habitudes critiques qui le travaillent. Nous verrons avec le temps. Hoart est encore aujourd'hui avec ces trois messieurs à Boulac, il a donné à Hattein-bey des dessins d'artillerie qui lui ont fait plaisir, et mon portrait dont il est très-content. Tu feras bien de m'en envoyer encore un pour Artin et d'y joindre trois exemplaires du tien que Hoart a oublié de prendre.

Je pense que Linant ne tardera pas à venir, sa présence ici sera bonne. J'ai eu de longues conversations avec Robaudi sur la position morale de tous, et en particulier sur la désharmonie croissante par rapport à Soliman, et cela le lendemain d'un jour où j'avais dîné avec Soliman et M. de Lesseps chez Robaudi, le jour de la fête de sa fille (4 septembre). Robaudi sent très-bien la chose et travaillera en conséquence. Il sent surtout combien Linant, après avoir assuré sa position comme autorité, puisqu'il a sa décoration de diamants, son conseil, son cachet, ses Koulassa, doit ménager des appuis là où ils existent déjà, et s'en créer de nouveaux en vue de se garantir à l'avance contre les conséquences des écoles inévitables dans une aussi grande entreprise. M. de Cerisy à Alexandrie, Hattein-bey au Conseil civil, et Soliman à celui de la guerre, lui paraissent être ses appuis; il aime d'ailleurs Soliman, quoiqu'ils discutent toujours ensemble, mais, par-dessus tout, il aime Linant, et son affection lui a fait bien sentir les dangers de sa position et de son caractère; je lui ai expliqué aussi les articles du *Temps* et du *Constitutionnel*, celui-ci me semble évidemment écrit par Fournel ou sous son inspiration.

Hoart retournera bientôt, demain ou après au plus tard, avec Osman. J'espère que Fourcade pourra aller très-prochainement à Thoura, et que Charpin ne tardera pas à recevoir son Koulassa.

Maréchal est venu me dire ce matin que les chevaliers des femmes étaient maintenant à moi comme autrefois. Je lui ai répondu que nous verrions les conséquences de cette nouvelle profession de foi et que j'attendais ces conséquences pour éprouver et témoigner mon sentiment sur cette nouvelle résolution, désirant aujourd'hui des *œuvres* et non des *paroles*.

Barrault écrit, mais il se force pour cela et je crains que cette contrainte ne soit pas bonne inspiratrice.

M. Destouches va, selon toute apparence, être membre du conseil de santé; je me suis trouvé l'autre jour chez Mouktar-bey avec Soliman, Clot et Dibadgi, dans une position où mon témoignage a été, je crois, très-bon pour notre brave pharmacien qui l'a appris par Clot et m'en a remercié le lendemain.

Mme Besson part aujourd'hui avec la cange de Soliman, j'ai dîné une fois avec ces dames le jour de notre arrivée, Soliman leur donnait une petite fête dans l'île de Caranti, il y avait là une gentille petite femme qui a été sensible aux compliments que je lui ai faits de ta part, c'est Mme Antonelli; il y avait aussi la petite élève de Clorinde, dont j'ai été bien content.

Tu me dis que Prax attend l'organisation de l'école pour sa place. Je n'y comprends rien; il est aux crochets de Linant, et il faut au plus vite qu'il le décharge. L'école de Boulac n'est pas organisée et n'a pas même d'élèves, et pourtant Akekin, Gabaudan, Artin reçoivent des appointements. Or Prax pourrait, dès à présent, donner des leçons aux élèves de l'école, en prendre quelques-uns en particulier à l'avance pour leur faire résoudre des problèmes et apprendre avec eux un peu d'arabe. Je t'en prie réveille-le de son engourdissement. Je souffre de voir Linant chargé de toutes ces bouches inutiles pour lesquelles il ne reçoit rien ; il a déjà assez d'enfants pour manger ses appointements. J'espère qu'Hattein-bey fera remonter les appointements des capitaines au jour de leur arrivée au barrage. Je le lui ai dit, et il l'a compris et senti, alors Linant se trouverait au moins défrayé de ce côté, et ses arrangements avec les capitaines ne partiraient que du moment où ceux-ci iraient au barrage de l'Est.

Tu peux dire tout ceci à Linant, afin qu'il sache ce que j'ai dit à Hattein-bey, car il serait possible qu'il le vît avant de me voir, quand il viendra au Caire. Quant à l'affaire Machereau, elle est très-désagréable, et je conçois très-bien l'ennui qu'elle a causé à Linant qui n'aime pas, avec raison, qu'on mette le nez dans ses affaires, ce qui d'ailleurs est un des vices les plus embêtants de ce pays-ci. J'espère cependant, comme son intention est d'employer là-bas Dupuis et Machereau, que l'amour de la paix l'emportera en lui sur tout autre sentiment.

Adieu, cher enfant, la main à Bruneau, et un bon coup de poing sur le dos de Prax pour le pousser à sortir de sa coque. Bonjour à l'Akeinbachi, amitiés à la pauvre Agarithe. Serre la main à Linant pour moi, et fais mes compliments à sa femme, si tu la vois.

P. E.

CLXXXVII^e LETTRE

A AGLAÉ SAINT-HILAIRE

4 novembre 1834. — Vieux-Caire.

Plaignez-vous de la mer, des vents, des navires, de tout ce que vous voudrez, mais non pas de moi, si vous ne recevez pas de nouvelles, c'est la faute de tout, hors la mienne. J'attendais toujours d'Alexis, de Duguet, de vous, des nouvelles ; rien. D'un autre côté, occupé ici, allant et venant, voyageant, et surtout plus préoccupé encore qu'occupé, plus observant et préparant que je n'exécute et n'ordonne, je n'ai pas eu le cœur à la plume, malgré tous les reproches que je me faisais sur la peine que vous ferait mon silence. Enfin Petit arrive précédé seulement de quelques heures par la lettre qu'il m'écrivait de Marseille pour m'annoncer son arrivée ; il m'apporte vos lettres et le cœur me revient ; mais pour remettre notre correspondance au courant, il faudra que je remonte un peu loin en arrière, mais auparavant j'ai besoin de causer avec vous de quelques lettres que j'ai reçues et particulièrement des vôtres et de celles de Mme Petit.

Vous me parliez d'Adèle et d'Arthur, elle, Mme Petit, me parle de mon *père;* toutes deux, femmes, je vous remercie de venir à moi sous de pareils auspices : à vous deux je rends grâce pour le sentiment qui vous pousse à remuer en mon âme les plus doux noms de la famille, mais que faire? — Ecrire à Arthur ; écrire à mon père? — Très-bien ; mais encore, que leur écrire ? Vous ne me le dites pas et moi je l'ignore ; Dieu ne me l'inspire pas. Aussi dans cette cruelle ignorance, dans cette impuissance où je suis de donner aux seuls liens de famille qui me restent, depuis que j'ai perdu et ma mère et mon frère, la souplesse et la douceur que mon cœur désire, ce que vous me dites d'Adèle, d'Arthur et de mon père, augmente encore mon embarras et ma peine ; vous me faites *vouloir* davantage si c'est possible, mais vous ne me donnez pas de *pouvoir*, et vous ne me plaignez pas même, vous, femmes, du mal que me fait éprouver cette impuissance, vous ne paraissez pas la sentir, et seriez plutôt tentées, je crois, de me faire un reproche de ce qui est ma douleur. — Oui, que leur écrire ? Puis-je croire que des promesses banales, à celui qui m'accuse déjà d'abandonner sa mère et lui-même, ou bien à celui qui me reproche de l'avoir ruiné et d'avoir follement dilapidé l'héritage de ma mère, soient dignes de moi et bonnes pour eux ! Ce sont ces accusations et ces reproches qui pèsent sur ma plume et qui l'écrasent, et je ne pourrai trouver la parole qui leur sera bienfaisante que lorsqu'elle pourra percer ce voile qui me sépare d'eux aujourd'hui.

Ils ne me *comprennent* point, et l'amour parmi les hommes n'est pas comme celui de l'homme pour Dieu ; l'infini est incompréhensible, mais je ne suis pas Dieu, et même plus que tous les hommes je ne saurais être vraiment aimé longtemps par celui qui ne me *comprend* pas. Vous me le dites encore vous-mêmes, ma chère Aglaé, ma vie n'est qu'un douloureux mystère pour Adèle, et pourtant elle ne paraît pas préoccupée du soin de percer ce mystère en concevant et comprenant ce que je fais. Dieu ne l'entretient que de ses propres douleurs qui sont grandes, et semblent lui cacher celles de toutes *les femmes,* celles du monde entier, et elle ne comprend pas CELUI qu'IL a envoyé pour faire cesser les plus cruelles, et pour changer la vie de toutes les femmes et de tous les hommes, ainsi qu'il l'a changée à d'autres époques, par Jésus, par Mahomet, par Moïse, par tous les élus. Et Mme Petit ne se rappelle-t-elle pas aussi que mon père a conservé contre elle un ressentiment qui la peine ? Et comment veut-elle qu'une parole de moi puisse changer de semblables illusions enracinées chaque jour, à chaque pas, se mêlant à la vie de mon père, dans le pain qu'il mange, dans l'eau qu'il boit! Impossible, impossible, tant qu'une main de femme n'écrira pas, tant qu'une bouche de femme ne dira pas ce qui est dans mon cœur, tant qu'un cœur de femme n'aura pas tressé la nouvelle chaîne qui doit m'attacher aux deux générations entre lesquelles Dieu m'a fait naître.

Communiquez, je vous prie, à la bonne mère de mon fidèle Alexis tout ce que je viens de vous dire; qu'elle me pardonne si je ne lui écris pas directement, si je ne la remercie pas de la confiance que son amour maternel me donne en me renvoyant son fils, et en confirmant elle-même la paternité qui l'attache à moi, qu'elle me pardonne encore si, dans ce que je viens de vous écrire, elle trouve, et vous aussi, que je ne tiens pas assez compte de l'opinion de deux femmes sur des questions de cœur, sur des affections de famille. Dieu seul, peut-être, sait aujourd'hui à quelle torture morale j'ai été soumis dans cette partie de ma vie ; car tous, même ceux qui m'injurient et me méconnaissent, me croient la tête et le cœur assez larges quand il s'agit des intérêts de la *grande famille* humaine ; mais tous aussi ont vu mourir près de moi ma mère, triste, inquiète, désolée pour mon avenir ; tous savent que j'ai quitté mon vieux père, plusieurs savent que j'ai un fils, et que je suis pourtant seul de mon sang en Egypte ; et ma mère, je viens de dire qu'elle était morte près de moi ; eh bien, non, je ne lui ai pas fermé les yeux ; qui donc osera affirmer que j'ai vraiment un cœur d'homme, un cœur tout entier, un cœur qui aime près et loin, un et tous, une famille et l'humanité ? Personne en ce moment peut-être, si ce n'est Dieu, personne si les femmes ne le proclament point ; c'est à elles à juger cette partie de ma vie, et pourtant en voici deux qui m'aiment, qui aiment mon œuvre, et qui m'accusent presque d'indifférence pour mon père et pour mon fils !

Cette lettre renfermait ensuite des détails sur l'arrivée du maréchal Marmont en Egypte, et qui ont été publiés au dixième volume des *Notices historiques*, pages 46 et suivantes. Voici la fin inédite de cette lettre :

Le Pacha avait reçu le maréchal Marmont avec les honneurs possibles et en égal, lui faisant faire quarantaine dans un de ses palais ; il écrivait au ministre de l'intérieur au Caire et à Soliman de le recevoir comme lui-même ; Méhémet-Ali déclara hautement qu'on ne pouvait pas recevoir trop bien, en Egypte, un maréchal de

Napoléon, et il l'entourait en effet de toutes les marques de considération imaginables, tant il y a de prise par le grand côté sur le maître actuel de l'Egypte.

Barrault avait fait au maréchal, à Alexandrie, une visite à laquelle celui-ci fut sensible, ce fut la seule visite française, et cette visite eut une bonne influence sur le maréchal envers moi lorsque je le reçus avec Soliman à son arrivée.

Le jour même où il arrivait, j'avais renvoyé Lambert au barrage dont nous étions absents depuis très-longtemps; je désirais qu'il y fût présent dans le cas où le Pacha y passerait, et l'on annonçait son arrivée comme très-prochaine. Il trouva les deux capitaines installés comme je le désirais dans la maison nouvelle de Linant, très-bien avec lui, travaillant beaucoup, et il s'occupe lui-même, en ce moment, de faire préparer une petite maison séparée où nous demeurerons lui et moi et où nous serons assez bien quand le Nil aura un peu baissé.—Depuis l'arrivée du maréchal, il court avec Soliman, visite les fabriques, les écoles, les régiments et quelque peu les vieilles choses. Chaque jour Soliman lui arrange ses courses, ses repas, ses visites d'une manière agréable; la réception qu'il lui fait est pleine de délicatesse et de grandeur ; il lui a *donné* le plus beau de ses chevaux et trouvé tous les jours quelque petit cadeau joli à lui faire. Le maréchal a une conversation très-intéressante, variée, spirituelle, il cause bien de toutes les choses de guerre, de science, et d'industrie ; je le crois plus étranger aux arts, de même qu'aux études philosophiques, fortement desséché sur bien des points par la vie qu'il a menée, blasé sur quelques vertus et assez facile à plusieurs sortes de faiblesses ; mais en somme, parmi les hauts dignitaires du monde actuel, c'est certainement un des plus distingués, l'un des plus curieux à entendre et à connaître.

C'est à vous à prendre de ce que je vous raconte le sens religieux de cette grande visite et à la rattacher à notre œuvre ; c'est facile si vous songez toujours à l'affection constante de Soliman pour nous et à la position dans laquelle notre amitié nous place.

Barrault est revenu d'Alexandrie, le maréchal le voit avec plaisir.

Le maréchal part dans cinq ou six jours pour la haute Egypte, dans deux mois il sera de retour par le mont Sinaï, par Suez, et il visitera, comme nous l'avons fait nous-mêmes, les ruines de l'ancien canal. — Pendant ces deux mois, le Pacha sera ici ; Soliman le verra très-souvent, et je crois bien aussi que moi qui habite ses États depuis un an sans l'avoir encore vu, je le verrai comme je le désire ; tout me paraît bien préparé pour cela.

Adieu, je suis fatigué, car je viens de vous écrire ces feuilles sans débrider. Je vous embrasse, et avec impatience de recevoir de vous de nouveaux détails sur la situation actuelle de mon père.

P. E.

SUITE DE LA LETTRE DU 4 NOVEMBRE

6 novembre 1834.

Je songe, malheureusement, après le retour de Petit, que j'ai à Ménilmontant une belle gravure dont la place est vraiment en Egypte, soit chez Soliman, soit chez moi quand j'aurai un chez moi. En outre, je suis toujours resté *propriétaire* d'une action dans une entreprise de gravures qui doit marcher vers sa fin, dont Fournel ou Chabanier a le titre, et que Protais connaît très-bien. Parlez-en, je vous prie, à Holstein. Si la gravure de Vernet (*Bataille d'Eylau*) est finie, ainsi que celle de Forster (*Entrevue de François Ier et Charles V*), envoyez-les-moi avec celle des Pestiférés, toutes trois encadrées de même et emballées soigneusement. J'ai droit à gravure *avant la lettre* et il me semble à gravure *après*. Holstein verra avec Protais; qu'il fasse ce qu'il pourra pour en avoir le plus possible, car j'en tirerais bien bon parti ici. Je crois même, comme spéculation, que les deux Napoléon, au moins, se vendraient bien, et que celui qui est chargé de cette vente pourrait en envoyer à Petit quelques exemplaires en *consignation,* quatre ou cinq seulement, mais il les faudrait également encadrés, car on n'a ici que de mauvais cadres et d'horribles glaces, si même on peut en avoir d'aussi grandes.

Alexis m'a remis le petit portrait d'Arthur, dont je vous remercie; mais pour un enfant surtout j'aimerais la couleur, et si par hasard il venait à Paris, je compte que vous le mèneriez passer quelques heures chez notre ami Coignet, auquel je vous prie d'ailleurs de dire, dans l'occasion, quelques bonnes choses pour moi.

La bonne Sophie est triste du long silence de son frère; c'est à la poste qu'elle doit s'en prendre, car Lambert a écrit, et même assez souvent, à Marie et à elle, ensemble et separément; dites-lui qu'il est très-bien portant, que son voyage à Damiette lui a fait plaisir, et qu'il est de plus en plus aimé de ceux qui le connaissent ici et de celui qui l'y a amené.

Les capitaines se portent aussi très-bien et travaillent beaucoup.

CLXXXVIII[e] LETTRE

A URBAIN

Vieux-Caire, 5 novembre 1834.

Cher enfant, je t'écrirais plus longuement si je n'étais pas dans un double coup de feu, la présence du maréchal et l'arrivée de Petit avec une masse de lettres auxquelles il faut que je réponde.

Voici des renseignements dont j'ai besoin promptement et que pourra te donner M. Suroure ou tout autre qu'il t'indiquera.

Quels sont les marchés, villes ou villages de l'Asie Mineure et de la Syrie où se vendent les cocons? — A quelle époque? — Quel est le prix moyen? — Des étrangers peuvent-ils acheter et exporter? — Vite la réponse.

Petit est arrivé avec Busco de Dombasle, gendre du grand agriculteur ami d'Ollivier, appelé par celui-ci, et qui est déjà tout enthousiasmé de la terre d'Egypte.

Duguet ne reviendra que dans deux mois avec quelques ingénieurs.

Dis au colonel que j'ai fini tous ses plans, qu'ils sont prêts à être soumis au pacha, qu'on ne peut rien faire avant l'arrivée du maître qui, à ce qu'il paraît, vous aura visités. Kourschid-Bey a dit que vous deviez avoir vos carreaux. Le reste viendra, mais n'accusons pas d'oubli, si l'on attend le pacha; il est évident que c'est à lui et non au conseil qu'il faut s'adresser pour que l'affaire aille vite et bien.

Amitiés à Jules et au bon colonel, mes compliments au commandant et à M. Pierini et aussi au brave M. Suroure.

Lambert est retourné au barrage.

Barrault est revenu ici avec Petit, Clorinde et Busco, tandis que David et Lami se croisaient avec eux pour aller chercher Clorinde à Alexandrie.

Ollivier est bien mieux ; l'arrivée de Busco et de lettres de sa mère lui a fait du bien.

Adieu, enfant, adieu, Jules.

P. E.

CLXXXIX[e] LETTRE

A DUGUET

Novembre 1834.

Petit m'apporte tes lettres depuis le 29 août jusqu'au 26 septembre, cher fils. Tu seras donc toujours le même, ardent pour le devoir jusqu'à t'en rendre malade, et impatient du succès jusqu'au désespoir. Eh bien, va, va ainsi, Dieu suspendra la maladie et le désespoir par le succès, car le succès, pour toi, c'est de faire ce que t'a ordonné ton père, et tu l'as déjà fait. La route que tu as suivie est bonne, elle est d'autant meilleure que je ne me suis pas mis dans celle où tu pensais que je devais être pour faciliter ta marche. Tu as frappé aux bonnes portes précisément parce que j'ai tourné le dos à celle que tu m'indiques. Tu es en Occident, moi en Orient, tu vas directement à la *force* pour arriver aux *travailleurs,* moi je suis avec les travailleurs et j'irai par eux seulement vers la force. Quand bien même les hommes qui t'ont promis de venir reculeraient aujourd'hui, tu as attaché le grelot par le bon côté, tu as fait de la politique excellente avec ceux qui doivent en profiter et de qui doit partir la lumière qui éclairera nos Occidentaux d'Alexandrie. Ici, vis-à-vis de ces messieurs, nous n'avons qu'à les laisser *répondre* comme ils voudront aux questions qui leur seront faites de Paris; il suffit que la question soit bien posée, la réponse sera bonne; probablement même quand les questions viendront, j'en serai prévenu, comme j'ai appris ce matin que M. Jomard demandait ce que nous faisions ici, par l'homme à qui il adressait cette demande, Arten-Effendi. Ta lettre du 26 m'a fait grand plaisir; laisse autant que possible se développer en dehors de toi l'idée émise sur Michel; je *dois* laisser Dieu agir par tout ce qui n'est pas moi ou de moi, et non agir par moi ou les miens sur la destinée de Michel ; c'est à *lui* et à *eux* à décider, non à *nous*. Quant aux mineurs, ne crains pas le nombre, il en faut décidément en Syrie au moins deux et un sur la chaîne Lybique, car nous devons absolument donner du charbon à l'Egypte, à moins que nous ne découvrions un nouveau combustible, ce que je ne pense pas.

Et surtout, calme-toi si tu n'as pas un ingénieur des ponts ; je te le dis dès maintenant, non-seulement parce que tu as déjà fait toutes les démarches qui peuvent te convaincre de la possibilité ou de l'impossibilité, mais aussi parce que plus je vais et plus je pense qu'il sera possible de s'en passer.

Je ne réponds pas à ta note politique parce que tu es dans un milieu dont j'aime à te voir t'inspirer, et que je ne crains en aucune manière les résultats de cette influence, de même que je n'ai pas du tout blâmé, quant à son effet le plus important, les articles de Barrault sur la Turquie, au contraire ; et j'admets comme toi, que toute parole qui n'est pas *urbi* et *orbi*, doit nécessairement, pour faire agir, avoir un cachet spécial qui fait sa force, quand bien même cette parole se modifierait dans *l'acte*.

Je donne à Aglaé quelques pages de détails

sur ce que nous avons fait depuis deux mois, tu les liras pour prendre l'air du pays.

Tes deux hommes Boudousquié et Drouot me vont très-bien, l'un par ce qu'on m'a dit de lui, je l'ai vu à peine; l'autre parce que je l'ai vu, et vu dans un grave moment, où le trouble de son âme était plus pur que la sérénité de bien des cœurs tranquilles.

Je pense comme toi que Bayle a mieux à faire en France qu'en Égypte. Il n'y a pas à songer à un journal, et, quant au professorat, il faut qu'il ne soit qu'une porte pour aller au *travail industriel* qui ne me paraît pas la vocation de Bayle. Dis-lui un mot d'amitié pour moi.

Ta grande lettre du 29 août me donne des détails sur plusieurs personnes dont tes lettres suivantes ne me reparlent pas ; la première ne me dit pas d'ailleurs comment plusieurs de ces personnes se rattachent à notre œuvre, si elles nous aiment et nous connaissent, ou si elles commenceront simplement leur conversion fictive en nous pratiquant ici.

Dis à Guépin qu'il n'y a rien à faire ici pour les sous-officiers, et que, de plus, quoique je loge ici chez le fondateur du Nisam, je ne voudrais pas me mêler d'augmenter la science militaire du pays et les dépenses en ce genre, tout cela est sur un pied fort respectable pour l'an de grâce 1834.

Tu me demandes si des livres que tu m'as envoyés par Arlès me sont parvenus, j'en ai reçu quelques-uns par les capitaines et par Fourcade, mais très-peu de chose.

Les trois jeunes élèves de l'école qui veulent partir, me dis-tu, ne sont pas saint-simoniens, mais le deviendront ; j'en ai tout espoir. On attend ici trois Égyptiens qui ont suivi les cours de l'École polytechnique ; ce serait joli s'ils venaient ensemble.

Maintenant, cher fils, il est bon que je mette un peu la bride à ton ardeur. Comme je te l'ai dit en commençant, tu as rempli mes ordres à souhait. Je te recommande même une prudente mesure quand tu seras au moment du départ ; pour peu que tu voies parmi les partants une âme faible, une tête qui tourne, un pied qui trébuche, embrasse celui-là et laisse-le sur le sol de France, les autres ne s'en porteront que mieux. Prends garde aussi aux bouffées du départ qui étourdissent et font paraître gai et content celui qui, après deux jours de mal de mer, ne rêvera qu'à la patrie.

Le nombre d'hommes que tu passes en revue dans tes lettres, me fait croire que tu auras à exercer cette prévoyante paternité, et je te réponds d'avance de son bon effet.

Quand tu ne prends pas des hommes déjà éprouvés par nous, il faut que ceux qui nous sont étrangers soient, avant tout, ce qu'on appelle des *hommes d'honneur* et même de *conduite ;* nous ne sommes pas encore en position de supporter la responsabilité même des peccadilles.

A Guépin un salut de loin ; à Arlès, si tu lui écris, dis-lui que je prends les informations qu'il demande aux capitaines, mais que je ne peux les avoir au Caire, et qu'il me faut quelque temps.

Encore un mot sur les ingénieurs étrangers dont tu me parles. Moins nous les connaîtrons dans leur vie antérieure, plus tu dois chercher à t'assurer qu'ils sont d'un caractère propre à ne pas causer d'embarras et perturbation dans l'*état-major* du barrage, surtout s'ils ont de hautes prétentions hydrauliques et une vive impatience de gloire. Gare à la jalousie et surtout à l'envie de détrôner l'occupant ; dans ce cas, si pareil homme venait, offre-lui en perspective plutôt une autre œuvre que celle du barrage, plutôt les travaux détachés qui dépendent du barrage que les barrages, même plutôt des entreprises en Syrie pour l'exploitation des bois et des fers que le barrage réclame. Mets-toi à l'avance dans le milieu où se trouverait bientôt ici pareil homme, et prépare-le à y entrer convenablement, sans blessures pour ceux qui y sont déjà, et pour lui-même ; je te recommande surtout pour les hommes mariés de ne faire d'instances que là où tu verras la femme aussi disposée que le mari au voyage, soit pour l'éloigner, soit pour le suivre. Petit, d'ailleurs, me dit que tu es fixé sur tout ceci.

J'ai lu toutes tes lettres et notes explicatives que tu avais remises à Petit.

Ta lettre à Gasparin est très-belle, celle au directeur des ponts n'est pas à beaucoup près aussi heureuse : 1° en ce qui concerne Linant ; 2° pour ce qui concerne Méhémet, dans l'hypothèse fâcheuse que tu fais trop facilement et hors de propos. Ces deux considérations qui reposent sur les imperfections du compteur et de l'exécuteur de l'œuvre des barrages ne sont pas du tout des motifs déterminants pour le ministère français et sont de mauvais textes de conversation entre M. Legrand et M. Jomard. Il n'y a pas un mot sur l'utilité de l'*exportation* de certains ingénieurs trop *ardents* pour le soleil pâle d'Occident et propres au contraire à l'Orient; rien non plus sur la nécessité politique d'introduire des Français dans les travaux pacifiques, comme ils y sont déjà dans l'armée et d'augmenter l'influence qu'ils exercent déjà dans l'enseignement. En général rappelle-toi que c'est par le beau côté du pays que tu peux attirer, et que les côtés faibles n'agissent que sur des cœurs très-chrétiens, amis des affligés; il y en a peu aujourd'hui, surtout dans les ministères.

Dis à Holstein que je désire savoir s'il a des désagréments pour la fin de ses anciennes affaires, et que j'attends de lui des nouvelles de la bonne Mme Renard. Charge-le d'un mot pour mon ancien collègue Protais, et embrasse-le.

Adieu, cher fils, j'ai bien pensé à la peine qu'a dû te faire mon long silence: mais vraiment j'attendais aussi depuis bien longtemps de savoir où vous étiez, Petit et toi, et ce que vous faisiez; d'un autre côté, je n'avais presque rien de neuf à te dire.

J'aurais voulu t'écrire combien j'étais content de tes démarches et de tous tes efforts, je savais bien que ce témoignage te serait doux, mais je t'exerce souvent, tu le sais, à la patience afin que la gloire que tu aimes tant ne te fasse que du bien quand elle te viendra du peuple, des femmes et de ton père.

P. E.

CXC^e LETTRE

A URBAIN, A DAMIETTE

2 décembre 1834.

Il paraît, mon cher enfant, que tu n'a pas reçu ma lettre du 5 novembre, que M. de Lesseps s'était chargé de te faire passer ; je t'y priais de demander à M. Suroure les renseignements suivants :

(Voir la lettre du 5.)

Par la lettre de Jules à Bonfort, qui ne parle pas de ma lettre, par celle que tu as écrite à

Clorinde, je vois que le postillon de Lesseps aura été infidèle ; j'étais pourtant pressé d'avoir ta réponse.

Le même jour où Soliman part pour aller au-devant d'Ibrahim, jour anniversaire du *couronnement* et de la bataille d'Austerlitz, lendemain de l'anniversaire turc de Koniah, je pars avec Linant pour mon petit ermitage ; la maison est terminée, elle est encore un peu humide, mais j'ai toujours la tente à mon service.

Clorinde est au Caire depuis trois jours, elle y est arrivée un peu malade des nerfs.

Rogé m'écrit du 10 octobre que dans quinze jours il se mettra en route.

David est à Abouzabel, chez Granal, dans le petit ménage bicolore ; il s'y trouve très-bien et écrit, dit-on, des lettres fort gaies. — Ollivier est également à Hauka.

L'affaire de Busco marche ; j'espère que cela ira bien.

Le Caire sera probablement beau pendant les fêtes, les deux pachas y étant, vous ferez bien d'y être, Jules et toi, et j'aurai plaisir à vous y voir. — Nous verrons quels changements se seront opérés depuis notre course au désert ; mais que le scraf vous soit aimable, pauvres garçons, car les piastres danseront un peu pendant le voyage.

Lambert, les capitaines et Prax sont toujours à leur poste au barrage. Petit m'y accompagnera, puis reviendra ici, chez le général.

Barrault s'est embarqué, le 20, sur *le Voltigeur,* pour Toulon; c'est Clorinde qui lui a fait la conduite, lui qui était venu en Orient sur *la Clorinde,* il m'annonce son départ, et termine son billet par : *Les femmes le veulent;* il aurait pu dire *et les hommes aussi,* car moi et lui nous le voulions; mais c'est un reste de chevalerie ou de compagnonnage.

Ton antipathique Colin est ici, malade, abîmé par Vénus, la tête toujours un peu dérangée, et pourtant avec moins mauvaise mine que je n'aurais cru.

Machereau est professeur à Gizeh; il a fait un joli dessin de l'école pendant les exercices que le pacha est allé y voir, il l'a remis au pacha qui l'a fait emporter à son palais. Machereau est en Nisam depuis hier, jour où il a touché son premier mois.

Arif et sa sœur se portent bien, mais il y a un petit nuage sur cette maison, qui crèvera, je crois, bientôt; Arif a son harem, il a son Abyssinienne, et il en prend à cœur joie. La sœur est la confidente de l'un et de l'autre, c'est-à-dire qu'elle est entre deux charbons. Quelle est l'intention d'à-propos en agissant ainsi? Je ne sais, mais c'est un homme si passionné pour le neuf que rien ne m'étonnerait; j'ai dit que le nuage *crèvera* bientôt, peut-être est-il tombé déjà pluie ou rosée; je ne sais — tu verras.

Adieu, cher enfant, fais mes amitiés à l'excellent colonel. Donne une poignée de main à son frère d'armes le commandant, et un salut affectueux à M. Piérini. Quant à Jules, je lui dis, comme à toi, que je vous aime bien.

P. E.

CXCI[e] LETTRE

A AGLAÉ SAINT-HILAIRE

Barrage, 7 décembre 1834.

Si vous vous plaignez de la rareté de mes lettres, j'ai le même avantage quant aux vôtres, ma chère Aglaé ; depuis votre dernière, apportée par Petit, et qui est du 26 septembre, il est arrivé ici des nouvelles de France du 25 octobre, et pas de lettres de vous ni d'autres, sauf une lettre de Rogé du 10 octobre qui m'annonce son départ pour quinzaine. Il me parle aussi du départ probable de Jallat, et j'ai machinalement rapproché ce départ d'une phrase de vos lettres, et surtout de la séparation dont vous me parlez, de vous et de mon père, et voilà que je me suis retenu moi-même pour vous écrire, craignant que ma lettre ne vous rencontrât, vous aussi, sur la mer.

Je vous ai écrit une longue lettre le 4 novembre avec un *post-scriptum* assez burlesque, auquel vous n'aurez peut-être pas compris grand'chose; depuis lors rien de bien nouveau, si ce n'est que je suis de retour du barrage depuis trois jours, logé dans mon petit ermitage qui est bien humide, ayant renvoyé au Caire, chez Soliman, Petit et Lambert, par conséquent un peu seul avec les capitaines et Prax. Soliman était parti pour Damiette, chargé par le pacha d'aller recevoir Ibrahim revenant de Syrie; mais il paraît qu'Ibrahim n'arrive pas, et que Soliman reviendra comme il est allé: il sera bien aise de trouver Lambert et Petit qu'il aime, à son retour ; Lambert y restera peu, Petit plus longtemps, je crois, parce qu'il a un travail de peinture à faire.

Les deux capitaines, Hoart surtout, ont travaillé beaucoup pendant mon absence aux plans des travaux et à la carte du pays. Celle-ci est finie, les autres avancent d'un autre côté, les travaux vont lentement ; on a diminué le nombre des ouvriers, indispensables dans ce moment pour la culture de la terre, et on va le diminuer encore, ce qui n'est pas mal, car n'ayant pas encore bâti suffisamment de maisons pour eux, ils souffrent horriblement du froid qui se fait sentir depuis le 1er de ce mois.

Nous n'avons pas eu de nouvelles de Drouot qui avait positivement annoncé, par Petit, son arrivée prochaine. Pas un mot de Duguet qui, n'eût-il rien de nouveau, devrait pourtant écrire ; Thérèse ne m'a pas donné signe de vie depuis une éternité, et maintenant que j'apprends la retraite du maréchal Gérard, je désirerais pourtant savoir ce que devient Saint-Cyr, ministre ou cultivateur.

Ma petite maison est sur le bord du Nil ; de ma table où je vous écris je vois les Pyramides un peu à droite, et la citadelle du Caire un peu à gauche, sous le soleil levant. Le Nil est encore beau, et les barques passent sous mes yeux, à vingt pas. Ma hutte est en terre, couverte en joncs enduits de boue; les fenêtres n'ont que des volets et pas de croisées à vitres; les portes laissent autant de passage au vent qu'elles enferment, il y fait donc un peu froid.

Comme l'hiver est une saison assez abondante en voleurs, dans ce pays où le peuple est très-misérable, nous sommes gardés, du côté du Nil, par les marins de Linant (ils sont douze) dont les deux barques sont sous ma fenêtre, et par deux veilleurs de nuit, dont un reste dans la cour et l'autre autour des murs en dehors, et enfin par un portier et notre brave Osman, mon domestique nubien, dont je vous ai déjà parlé, qui couche dans ma petite chambre, à l'angle ouest de la cour, côté de la maison de Linant. Nos meubles se composent dans chaque chambre d'un lit formant divan pour le jour, et d'une table pour écrire et pour dessiner; plus nos malles et quelques caisses de livres. Il y a, en outre, chez Linant, une grande salle où Prax va travailler avec les capitaines. Voilà trois jours que je suis dans ma chambre et je m'y trouve bien ; j'avais un plan à faire, un peu pressé, que j'ai expédié d'arrache-pied, ce plan est celui de Giseh (école de cavalerie); par une destinée assez particulière, que vous vous expliquerez, c'est la troisième école dont j'aurai fait le plan. D'abord celle des ingénieurs civils au barrage (celle-là est exécutée), puis celle d'infanterie à Damiette (les plans sont adoptés et expédiés), plus celle de Giseh. Ajoutez à cela le haras de Choubra, dont Lami a fait le plan sous mes yeux et à peu près sous ma dictée, et vous aurez les plus grandes constructions du pays en ce moment sur le chantier.

Busco doit avoir présenté en ce moment au pacha le plan de la ferme-modèle qu'il propose d'établir. Je n'ai pas de ses nouvelles depuis plusieurs jours, mais l'affaire est en bon train; probablement il faudra du temps encore, car tout est si long ici que l'affaire des capitaines n'est pas même encore terminée. Aussi les hommes qui ne savent pas attendre, et ceux surtout qui ne savent pas se tirer d'affaire tout seuls, n'ont pas à venir ici.

Machereau a enfin touché son premier mois d'appointements et en a de suite profité pour quitter ses guenilles et prendre le costume du pays; il était fait comme un voleur et ressemblait à Frédéric dans l'*Auberge des Adrets*. Lorsque le pacha est allé visiter Giseh, Machereau avait préparé une jolie vue du carousel qui se passait sous ses yeux; Soliman a remis ce tableau au pacha en lui présentant l'auteur; mais ce jour-là l'artiste avait un habit d'emprunt. Il a fait quelques portraits, peu de croquis, mais son pinceau et son crayon, ce n'est pas là sa vie, et la plus grande partie de son temps est consacrée aux petites filles arabes, pour lesquelles il a vraiment une affection particulière, sans distinction de beauté, d'âge, de propreté même.

Enfin voilà Barrault sur la route de France; il m'écrivait en partant : *Je pars, les femmes le veulent,* il aurait pu mettre : *et les hommes aussi,* car lui et moi en avions grande envie sans trop nous le dire; j'en avais envie non-seulement parce que je ne vois rien ici qui fût digne d'occuper l'âme vigoureuse de Barrault, mais aussi parce que je sentais, comme il le disait lui-même, que tant qu'il aurait ce *boulet* attaché à sa jambe, il ne pourrait rien entreprendre à grande distance et de longue durée. Il faut, ou qu'il emporte ce fardeau sur ses épaules, ou qu'il coupe complétement la chaîne; ou bien qu'il se fasse père sinon époux, ou bien encore qu'il renouvelle par une visite, par un rapprochement de quelque temps sa vigueur d'apôtre du *monde* et non de la *famille,* pour sauter d'un seul bond plus loin encore qu'il ne l'a fait l'année dernière; dans tous les cas l'épreuve qu'il va subir aurait manqué à sa vie, elle est rude, mais il est fort, d'ailleurs, en bien des choses, vous ne retrouverez plus le Barrault d'autrefois; vous l'aimerez davantage.

Dites-lui que le général a été très-sensible à sa lettre et au joli souvenir qu'il lui a laissé, et que, comme cela lui arrive quand il est ému, son œil s'est mouillé, en disant : *Mais il se prive pour moi de son atlas, lui qui est voyageur!* Soliman a déjà dit plus de trois fois : *Je veux lui écrire;* cela viendra, mais Barrault sait que notre brave général prend la plume avec peine, et d'ailleurs, en ce moment, il était tout absorbé par les deux pachas père et fils. MM. Aynse et Brun m'ont chargé aussi de remercier Barrault d'avoir pensé à eux, et de les rappeler à son souvenir.

Ollivier est allé pour quelque temps à Abou-zabel, il est bien mieux portant et j'espère que supportant bien cet hiver il se remettra tout à fait.

8 décembre 1834.

J'avais commencé hier dimanche 7 décembre, lorsqu'à 3 heures du soir M. Lautour est arrivé m'apportant de vos nouvelles. Parlons vite de Ménilmontant. Vous seriez un hercule qu'à vous seule vous ne pourriez supporter le poids de cette maison, c'est évident. Duguet, dans une de ses précédentes lettres me faisait espérer qu'il trouverait quelqu'un qui se mettrait au lieu et place des prêteurs et ne nous ne gênerait pas, il ne m'en parle plus. Certes, c'est ce qui me conviendrait le mieux, et je ne regarde pas comme impossible qu'on trouve quelqu'un qui voulant louer cette propriété s'en fît le créancier pour la somme qui est hypothéquée, payant ainsi la location avec l'intérêt de son prêt. Il me semble qu'il y a en tout 40,000 francs. Ce serait donc un loyer de 2,000 francs. Si vous ne trouvez pas cela, je regarde comme impossible que vous vous enterriez, soit avec les habitants actuels de Ménilmontant, soit en y ajoutant même quelques braves gens comme Gouget. Alors à la grâce de Dieu, lavez-vous les mains, secouez la poussière de votre robe sur ces créanciers, laissez-leur vendre aux bougies le champ paternel et la maison ruinée qui fut deux fois mon berceau, que le monde s'en saisisse et s'en partage les morceaux, comme il a fait de nos *idées;* Dieu se servira peut-être de ce moyen pour la conversion de quelque gentil, et les arbres et les murs de notre retraite parleront de notre foi, quoique nous soyons à mille lieues d'elle.

Un mot maintenant de Marie. Je ne sais comment vous faites, vous autres femmes, pour être si douces et si bonnes envers les hommes, si compatissantes, si tendres, votre peau est douce comme lait, et pourtant à vous voir entre *vous,* il semble que votre corps soit couvert d'épines et d'écailles; vous vous piquez rien qu'en remuant un peu. Marie me dit qu'elle vous a fait part de ses griefs, mais je confesse que, *pour cette fois,* je n'ai pas pu voir en quoi elle pouvait avoir à se plaindre de vous, ce qui me prouve du moins qu'il y a entre vous un air tellement froid, qu'en soufflant dessus vous vous en gelez réciproquement la figure. Comme je ne sais pas à quoi peut mener cet état de congélation réciproque, je vous engage l'une et l'autre à user un peu de bois à faire du feu entre vous deux. Je charge Petit et Lambert d'écrire à Marie, pour tâcher de lui faire comprendre qu'en ce moment *je* me borne, en fait de correspondance, à *ma famille,* et que *je* n'écris que pour l'*intimité,* que je n'ai donc rien à faire publier *officiellement*, qu'elle ne doit donc pas se plaindre si *je* ne lui envoie pas, à elle, des nouvelles à répandre en province, à nos amis, au public; tout cela assaisonné avec la plume délicate de Petit et celle de Lambert, qui ajouteront d'ailleurs combien j'apprécie le dévouement de Marie et les services continuels qu'elle rend à tout ce qui nous aime.

Le peu de mots que vous me dites sur votre Holstein m'a fait mal, ma chère Aglaé. J'aime bien à croire qu'il a tous les torts, que sa parole a été brutale, injuste et peu mesurée, mais en venir au point de se faire défendre de venir vous voir, je ne peux me l'expliquer qu'en supposant en vous une vivacité presque égale à sa brusquerie. Songez donc, ma chère amie, que vous me rendez par là le phénomène plus inexplicable encore que ne le croient ceux qui me comprennent le moins. Vous êtes, Holstein et vous, deux des plus grands mystères de ma vie; pour qui ne *vous* comprend pas l'*un* et l'*autre,* je suis incompris aussi, mais je deviens prodigieux et presque monstrueux : vous ne vous comprenez pas l'un et l'autre, si le reflet de mon affection ne sert pas de lien à deux êtres qui sont si bien unis dans mon cœur. J'espère du reste, qu'avant même de recevoir cette lettre, votre boutade à tous deux sera oubliée, et que vous vous serez donné la main, en souvenir et pour l'amour de moi.

Vous ne me dites rien de l'autre mystère de ma vie, d'Arthur et d'Adèle, et pourtant vous savez que, malgré mon impuissance à découvrir le dénouement de ce mystère, et même à cause de cette impuissance, j'aime sur ce sujet à entendre parole de femme, parole si rare, comme je vous l'ai déjà dit, parole cependant dont j'attends beaucoup, et où je cherche toujours à lire la volonté de Dieu. Peut-être me direz-vous que je peux aussi bien lire la volonté de Dieu dans le *silence* des femmes que dans leur *parole;* c'est possible, mais j'en doute, et je consulte la sibylle, dût-elle toujours se taire.

J'ai reçu un mot de Duguet qui me donne quelques détails sur les désirs de Jallat ici. J'espère qu'ils seront satisfaits ; mais que le brave garçon ait devant lui quelques sous pour attendre, car ici les appointements se payent lentement, et ce n'est qu'après cinq ou six mois de fonctions qu'on commence à toucher; il aura environ 3,000 francs de traitement et le service d'une école ou d'un hôpital.

Dites à Duguet qne je ne lui écris pas aujourd'hui, profitant du départ de Lautour pour porter mes lettres au Caire. Sa lettre n'exige pas de promptes réponses, si ce n'est à l'égard des engagements qu'il me parle de prendre envers des ouvriers, pour indemnités de route. Qu'il s'en garde bien. Le gouvernement ne donne des indemnités de route qu'aux personnes qu'il engage lui-même en France par le ministère de M. Jomard. Jusqu'ici, venir offrir ses services en Égypte, y venir sans être appelé est une affaire très-chanceuse, dont ne peuvent se tirer que des hommes forts et monstrueux en même temps. En général il ne faut ici que des hommes qui savent faire leur lit tout seuls, et qui ne regardent par s'ils seront remboursés de leurs avances; ils les font s'ils le peuvent, dans le cas contraire, ils ne viennent pas, ou bien encore ils s'endettent pour venir, certains qu'ils sont de réussir.

Adieu, je vous embrasse, bientôt je vous écrirai.

P. E.

CXCII^E LETTRE

A LAMBERT ET PETIT

Barrage du Nil, 7 décembre 1834.

Voici plusieurs lettres pour vous, j'y joins celle pour Combes et une pour Barrault, parce que j'ai entendu dire que Lambert était chargé de les recevoir.

J'ai reçu une lettre de Duguet qui n'annonce rien de bien nouveau ; l'arrivée de Jallat est positive, voilà tout. Je serais bien aise qu'il fût annoncé comme il le mérite au général, et à lui seulement. M. Varin désire un médecin pour Gizels, Jallat voudrait être médecin d'une école ou d'un hôpital, ainsi cela s'arrangera.

Je recommande à Lambert de tracer lui-même sur le plan les corrections de M. Varin, afin qu'il n'y ait plus rien à y faire ici que le passage à l'encre.

Je joins à vos lettres une lettre de la pauvre Marie que je recommande à votre dévotion. Elle vous écrit à tous deux et sans doute la même chose qu'à moi ; or, nous ne pouvons pas tous lui répondre ; faites-le pour moi, je vous prie. La pauvre fille n'a pas le sens commun, mais elle est si dévouée, si infatigable ! Dites-lui que c'est pour moi un principe de me borner aujourd'hui à ma correspondance de *famille :* Aglaé, mon père, les Nugues, Brack, voici les lettres que je conçois. Aussi n'écris-je rien pour être *publié*. Autant nous avons parlé nous-mêmes de nous autrefois, autant je dois en parler peu et laisser ce soin au monde ; c'est à lui à faire tout seul ma *réputation* et non à moi. Que Marie relise bien ma dernière parole du *Globe,* elle verra que cette tendance n'est pas chose nouvelle pour moi, et que JE ne *parle* plus. Qu'elle se plaigne de vous, si elle veut, vous vous défendrez comme vous pourrez et voudrez ; mais quant à moi, il est tellement *officiel* que JE ne veux plus *parler* au monde, que je ne me sens pas l'envie de le rappeler à Marie ; faites-le toutefois de manière à ce qu'elle sente combien son dévouement m'est connu, mais aussi combien son illusion sur ce qu'elle attend de moi me peine. Ce qu'elle dit du livre des actes me paraît faux sous tous les rapports. 1° Je n'ai ni *inspiré,* ni *ordonné* cette œuvre de *femme,* j'ai simplement approuvé. 2° Cette publication n'a fini, ni par Duguet, ni par moi, car Duguet ni moi ne l'avons jamais entretenue ; elle a fini du moment où, pour la remplir, Marie a pris des *articles* de Hoart, beaux *articles*, mais tout à fait étrangers à une semblable publication. 3° J'ai souvent dit et écrit moi-même que si cette publication se continuait, elle me paraissait ne devoir s'alimenter que de ce qui, dans nos *archives*, était de nature à faire connaître notre vie *intime*. Quant à moi en particulier, c'est la seule chose qu'il importe de voir juger par le monde ; nous lui avons assez donné à ruminer les éléments de notre vie *publique*, et quant à ce que nous *faisons* encore aujourd'hui dans cette direction, je le répète, ce n'est pas à nous à en parler ; comme on dit, les *faits* parleront d'eux-mêmes.

Faites bien remarquer à Marie que si je ne lui réponds pas, c'est précisément parce que sa lettre me prouve qu'elle souffrirait d'autant plus si, lui écrivant *quelquefois*, je ne le faisais pas *toujours*, car je n'avais rien fait jusqu'ici pour qu'elle pût croire que ma correspondance dût lui être adressée ; et voilà pourtant qu'elle me fait un reproche de ce que je cause avec Aglaé et non avec elle.

Tout ceci est dur, je le sais, mais vous polirez la forme ; il y a pour moi là dedans tout un principe. Aglaé, Holstein sont deux grands *mystères* de notre vie ; l'une n'a pas été sentie rue Monsigny, l'autre ne l'a pas été à Ménilmontant ; à vous qui connaissez ces deux mystères, à les dévoiler aux profanes. Que Marie relise mes lettres de la prison à Cécile, et rappelez-vous toutes deux ma dernière lettre à Aglaé en réponse à Mme Petit. La vie *publique* me pue, tant que je n'aurai pas enfanté pour moi une vie *privée;* c'est une *réaction*, soit, mais *l'action* a été si forte qu'elle est indispensable. Que Marie, qui aime tant ses frères, le sente, qu'elle se rejette dans leurs bras, elle aussi, je crois que c'est *aujourd'hui* ce qu'elle a de mieux à faire, et un jour je l'en glorifierai et le monde aussi, comme elle sera glorifiée pour son dévouement politique.

Adieu, chers enfants. Amitiés au général. Si Ibrahim ne vient pas, j'espère que le général pourra prendre un dimanche pour venir voir mon palais, accompagné de son aide de camp Beaufort, à qui vous donnerez la main pour moi.

P. E.

Lundi, 7 décembre 1834.

Voici une lettre à Aglaé dont je n'ai pas le temps de prendre copie ; qu'un de vous deux la prenne et la fasse partir avec ses lettres pour France.

Aglaé me dit :

« Dites, je vous prie, à M. Lambert que je ne réponds pas encore cette fois à sa lettre qui était bien belle et bien bonne ; j'en ai fait jouir plusieurs qui ont mieux compris le départ de Fournel. Sophie se porte bien et je la vois assez souvent ; elle est fort occupée, elle a écrit à son frère par M. Drouot. Dites encore à M. Ollivier que je rétracte mes soufflets, si j'ai été assez osée pour dire chose semblable ; qu'il garde ou quitte l'habit, je lui en désire un qui fasse parler de ses œuvres de manière à le couvrir de gloire. La constance existe, mais elle n'est point absolue ; c'est une manifestation comme tant d'autres, qui peut faire du bien, qui peut faire du mal ; le grand talent c'est de trouver l'harmonie et de maintenir l'équilibre. »

D'après ce que me dit Duguet, il serait bien que Jallat trouvât chez Pastré une instruction sur ce qu'il doit faire et voir à Alexandrie, comme la lettre de Petit à Drouot. Pour celle-ci, il suffit que Jallat voie seulement M. de Lesseps, et qu'il vienne le plus rapidement possible au barrage. Pour cela j'écris un mot à M. de Lesseps, que vous joindrez à vos lettres, après avoir pris copie du passage relatif à Jallat, que vous enverrez à celui-ci.

P. E.

CXCIII[E] LETTRE

A LAMBERT

Barrage, dimanche soir, 14 décembre 1834.

Voici d'un seul coup Drouot, Rogé, Massol, un jeune ami d'Hamoire et Suzanne.

Drouot va de suite au Caire ; tu le présenteras

au général, qui me paraît devoir être l'agent déterminant dans ses affaires, puisque M. Mimant est au Caire et que sa présence est une cause inévitable de lenteur. Je ne sais pas au juste les intentions de Drouot, et j'évite même d'aller au delà d'une confidence qui t'appartient de droit. Je pense qu'une bonne mission en Syrie lui ira, et tu sais que c'est aussi ce qui me paraît le meilleur. Il peut demander les conditions faites à Fournel, car il a, je crois, le même grade en France, et s'il ne les obtient pas, je crois qu'il est homme à se contenter de celles qu'on lui fera, qui me paraissent devoir, en tous cas, être assez bonnes.

Si, avant d'aller en Syrie, Drouot peut se faire envoyer faire un tour dans la chaîne arabique, comme je le rêvais pour Fournel, ce serait bien. Je ne parle de cela que pour mémoire.

Toutefois la nature de Drouot (je la crois très-aimante et dévouée) ne me permet pas de m'expliquer clairement des voyages à grande distance de nous et de la France, seul, en sauvage, sans parler la langue et au milieu des difficultés qu'un tempérament plus hardi et plus bouillant que le sien peut seul vaincre. Tu vois que je parle de tout ceci bien en l'air. Vois donc toi-même.

Rogé reste ici quelques jours ; nous avons besoin, comme tu penses, de causer un peu ensemble. Massol ira au Caire voir les amis, se montrer et flairer le pays.

Le jeune ami d'Hamoire est bon chimiste ; je crois qu'il se propose, au moins momentanément, d'entrer dans l'enseignement, mais je pense que s'il est praticien on pourrait lui trouver mieux que cela dans les fabriques, d'autant plus qu'on parle du renvoi de plusieurs employés et ouvriers anglais.

Quant à Suzanne, j'ignore ses projets.

Tu ne m'écris pas et Agarithe ne revient pas ; je te crains malade à la suite de ta crise de nerfs. Mais qui diable t'a donné cette crise ? Tu ne m'en as rien dit, ni Petit non plus. Ni l'un ni l'autre ne m'avez parlé de mon plan de Gizeh ; tu n'aurais pas été malade. J'ai eu tort en parlant de ne pas appuyer auprès de toi sur le désir que j'avais que mon plan fût présenté *très-vite* à M. Varin, corrigé très-vite par toi sous ses yeux, et qu'enfin ce fût le motif officiel de ton voyage au Caire. Je crois que tu ne l'as pas senti ainsi, et j'en suis fâché, d'autant plus que j'attribue ainsi à mon oubli ton indisposition.

Adieu, amitiés à Petit, qui a bien fait de m'écrire, et à qui tu diras de continuer à première occasion et de me parler de ce qu'il fait.

Quand tu auras donné cinq ou six jours à la présentation de Drouot en bons lieux, si Soliman n'est pas encore de retour de Damiette, et n'est pas attendu très-prochainement, tu feras bien de partir pour ici. Vois d'ailleurs si ton séjour là-bas te paraît utile à prolonger, et décide toi-même, en ne prenant ce que je te dis que comme un avis soumis aux circonstances qui t'entourent.

Pas de lettres intéressantes par Rogé.

Jallat doit arriver ces jours-ci.

Vois Adhem-Bey; amitiés pour moi. Bonjour, bonjour.

P. E.

CXCIV[e] LETTRE

A LAMBERT

Barrage, jeudi soir, 18 décembre 1834.

Quand je t'ai écrit ma dernière lettre par Drouot, je n'avais pas encore vu Ollivier ; tout ce qu'il m'a dit ne m'a ni surpris, ni même affligé, cher enfant. Pour toi, comme pour moi, pour Dieu, je sens que la crise qui t'agite est bonne et était inévitable ; voilà une année d'écoulée, pour laquelle il fallait toute ta foi et ta tendre affection ; la vie que Dieu donne aux hommes (je dis aussi aux femmes) qu'il a jusqu'ici attachés de plus près à moi, sera un touchant récit pour les races futures ; mais les jours présents en sont lourds, et voilà pourquoi ils compteront dans les siècles.

Je soumettrais à toi-même le rappel que je t'adressais, pour le moment où tu aurais *fini* avec Drouot ; je m'en tiendrais presque encore à ces termes, car je me figure que l'arrivée de ce brave Drouot concorde trop bien avec l'état de crise où tu te trouves, pour qu'il ne soit lui-même un des éléments de sa solution.

Va, ne crains pas que la décision que tu prendras, quelle qu'elle soit, renouvelle pour moi la soirée de Ménilmontant. Je ne dirais pas que je suis plus fort qu'alors, car cette force serait faiblesse, mais la position est changée, si tu crois devoir causer avec moi de ce qui t'agite, viens. Il y a deux ans je t'aurais dit, et je t'ai dit : Ne viens pas.

Bruneau est parti avec Ollivier, tu le sais. Il souffrait aussi, lui, beaucoup, et je ne vois pas encore bien comment cessera sa souffrance ; mais au moins ce voyage le distraira un peu.

Hoart travaille toujours avec la même ardeur et la même autocratie que tu lui connais. Linant est toujours aussi content du capitaine, et il y a de quoi. Prax finit sa série de machines et va se mettre à l'un des plans des grands travaux de barrage ; moi je finis demain ma caserne, et je prendrai aussi quelque part aux autres plans. Linant veut pouvoir en présenter une masse au pacha, et il fait bien de se presser.

L'obligeant ami d'Alexandrie, qui écrit de si jolies choses de nous à Linant, est Kœnig ; il a fait une nouvelle épître où le *Père éternel* figure très-joliment. Ces lettres ne sont, au reste, que l'expression de l'un des sentiments que nous soulevons dans l'âme de Linant, et qui ne disparaîtra qu'à une époque que je ne puis prévoir ; ce jour-là sera beau pour lui, et pourtant ses injurieux soupçons, et mille actes de sa conduite, tomberont sur lui de bien haut et lui seront lourds à oublier.

Tu auras vu la lettre que j'ai remise à Rogé. (11 heures.) Petit m'interrompt ici et m'apporte ta lettre et les siennes ; toutes me réjouissent. Parlons de la tienne qui cadre si bien avec ma pensée.

Oui, le désert et la Syrie, les mines et Drouot, suivis et précédés sans cesse par la si bonne amitié de Soliman, qui vous accompagnera en tous lieux. Voyez aussi l'Oronte et l'Euphrate, et trouvez le fer et le charbon qui serviront à *nos* œuvres, quand nous ferons les nôtres. Pressez-vous, vous devez enlever cette affaire ; la patience qu'Adhem-Bey te connaît est aujourd'hui un titre pour qu'il agisse vite, quand il te verra pressé. Quitte ta position de *volontaire* qui n'aurait plus de sens ; fais-toi salarier et salarier fort ; M. Mimaut t'appuiera d'autant plus qu'il croira t'enlever à moi ; Lubert chantera tes louanges ; Turles parlera bas, dans une bonne oreille; enfin Drouot seul ne ferait rien, il faut être au moins deux pour pareils voyages.

Adieu, cher enfant ; vite, vite, le temps presse; Drouot aussi ne veut pas languir : marchez, je suis toujours avec vous; et au retour, au revoir, tu auras plus que tu ne me demandes, car tu ne veux qu'un regard de joie et d'orgueil, et moi je te reprendrai encore une fois par la main, collant encore une fois ta vie à la mienne, te laissant encore une fois, pour te relancer de nouveau avec plus de force; c'est là ta destinée et la mienne à travers l'éternité, tu es l'enclume et moi le marteau, et nous avons forgé ensemble de bonnes lames; nous en forgeons *toujours*. Je t'embrasse.

Je te parlais de ma lettre à Soliman remise à Rogé; elle n'est pas copiée et doit l'être ; arrange toi pour cela.

P. E.

CXCV[e] LETTRE

—

A SOLIMAN-PACHA

Barrage, lundi 15 décembre 1834.

Mon cher général, Rogé, qui vous remettra cette lettre, est un de mes fils les plus dévoués, l'un de ceux que j'aime le plus et dont j'estime le plus le caractère. Je le recommande à l'amitié que vous avez pour moi, mon cher général; il aura quelquefois besoin de vos conseils, dans ce pays qu'il ne connaît point encore, et où les artistes surtout rencontrent des difficultés qui doublent le mérite de la mission civilisatrice qu'ils accomplissent en se donnant à l'Égypte. A vous ce n'est pas le talent de Rogé comme musicien que je tiens à vous recommander, c'est son excellent cœur; cependant je vous le donne comme un des hommes les plus utiles pour vos projets de théâtre. Il est parvenu à nous faire tous chanter, en deux mois, des chœurs qui faisaient l'admiration des Parisiens, nous qui ne connaissions pas une note de musique; et, dernièrement encore, il a improvisé un orchestre de quarante instruments de cuivre, avec des ouvriers cordonniers, tailleurs, maçons, etc.

Rogé se présentera à vous avec Massol, son ami, son frère, avec lequel il vit depuis deux ans, parcourant la France en apôtres, vivant tantôt avec l'ouvrier, de la vie de misère, tantôt avec les petites maîtresses de la Chaussée-d'Antin, dans leur boudoir, car Dieu y est aussi. Tous deux, mon cher général, sont dignes que vous leur donniez une place près de moi dans l'excellent cœur que Dieu vous a fait.

Mes amitiés, je vous prie, à Kiani-Bey, que je félicite encore une fois d'avoir été près de vous pendant votre longue attente à Damiette. Si vous avez Beaufort près de vous, dites-lui qu'il m'a promis de vous rappeler que la course au barrage ne prend qu'un dimanche.

Adieu, cher général, je finis votre caserne de Siout; je vous l'enverrai, car je ne pourrai, je crois, aller vous embrasser qu'à la fin du ramadan. En attendant, permettez à Rogé de vous presser la main pour moi.

P. E.

CXCVI[e] LETTRE

A LAMBERT

Barrage, 25 décembre 1834.

David est arrivé hier soir, et m'a dit que la veille tu lui avais annoncé devoir m'envoyer des lettres par un exprès ; aujourd'hui 25, à 11 heures, je n'ai encore rien reçu.

David n'a pas su si la nouvelle que nous avait donnée Portalis du retour de Soliman était vraie ; s'il est au Caire, fais-lui le salam d'amitié convenable ; que ce soit lui qui mène et enlève votre affaire ; c'est lui donner plaisir au cœur que de l'en charger.

Prax est définitivement enregistré comme professeur à l'école ; ses appointements et fonctions ne partent que d'aujourd'hui.

Hoart travaille toujours aussi vigoureusement, et avec assez de bonheur. Les plans avancent.

Agarithe et Cogniat sont bien portants. Cogniat

attend toujours la délivrance de Mme Linant, avant d'aller au Caire voir Clot.

Bonjour à tous et en particulier à Drouot que j'associe à toi dans ma pensée maintenant, chaque fois que je t'écris.

Le temps est aussi laid que possible aujourd'hui, il a plu beaucoup pendant la nuit, il fait froid et l'on ne peut pas sortir.

J'attends réponse de Petit à ma note pour M. Varin; l'ennui de recommencer entièrement ma première feuille, toute graissée et modifiée, m'empêche de recommencer avant d'être sûr de ne plus y revenir.

Adieu, cher enfant, annonce-moi vite quelque chose de bon pour toi, pour vous, j'en serai très-heureux.

P. E.

CXCVII[e] LETTRE

A LAMBERT

Barrage, samedi 27 décembre 1834.

Duguet m'embarrasse un peu, mon cher enfant, en m'envoyant M. Bès avec la lettre incluse. La cessation des travaux ici, l'impossibilité de donner à un chef d'ouvriers un emploi immédiat, le faible appui ou plutôt l'opposition que je trouverais dans Linant pour pareille prévision d'avenir me font profiter vite de ce que tu m'as dit sur ta disposition à caser les arrivants.

Vois de suite Adhem-Bey pour Bès ; s'il n'y a rien, je ne sais vraiment comment nous nous arrangerons; quoiqu'il soit un peu âgé, il me paraît vigoureux et actif.

Maintenant un mot sur les autres arrivants.

Yvon est du ressort de Rogé, Massol, Machereau.

Genevois est un homme qui n'embarrasse en rien, et qui est assez grand pour chercher un peu lui-même.

Lefèvre a d'assez bonnes lettres, mais il faut l'introduire chez Bonfort, s'il n'est pas l'homme qui doit faire vos sondages, à Drouot et à toi.

Sur le moral de chacun consultez Jallat qui a bon nez, et que vous présenterez à Soliman, comme vous savez que j'aime qu'il soit présenté.

Achard regarde Petit, qui se rappellera que Clot m'a demandé un dessinateur.

Quant au logement de tout ce monde, Jallat et Genevois exceptés, qui iront à l'auberge, je crois que provisoirement Machereau et Rogé pourront donner le plan.

Jallat paraît, à l'avance, un peu dégoûté du pays. Vous verrez.

Suzanne sera probablement utile en tout ceci, et ces arrivées m'expliquent un peu son voyage.

Tiens-moi vite au courant de tout, et j'irai t'aider au plutôt. Toi, Petit et Drouot, vous aurez là, à trois titres différents, à agir; toi comme ancien et restant, Petit comme ancien et partant, Drouot comme nouveau et restant.

Bonsoir, j'écris à la hâte.

P. E.

CXCVIII[e] LETTRE

A LAMBERT

Barrage, dimanche 28 décembre 1834.

La lettre incluse de Duguet t'expliquera M. Mimaut et le mot du pacha sur Adhem-Bey, dont l'exclamation me fait plaisir. Le pauvre Duguet que ses souffrances *morales* rendent avide d'*action* nous fait quelques bêtises, mais tout cela presse une explication générale, une prise de possession officielle, enfin, une solution à un état qui, poussé plus loin, deviendrait intolérable.

Tout cela me fait penser que ce que Bès aura de mieux à faire pourrait être de repartir, comme il est venu, à moins qu'il ne soit lui-même une occasion d'explication, ce dont je doute, parce que d'autres occasions plus graves ne manqueront pas.

Tu aurais dû me dire qui t'a donné comme certain le bruit du déplaisir que cause au pacha l'affluence d'un certain nombre d'hommes autour de moi.

Songe qu'en ce moment nos deux attaches du Caire et du Vieux-Caire doivent être plus fortes que jamais.

M. Mimaut est évidemment en guerre ouverte et remue sa vieille diplomatie. Vite quelque chose d'*art,* musique, théâtre; c'est TRÈS-IMPORTANT, songez-y bien et faites vite, même mal, c'est égal.

J'ai reçu de bonnes nouvelles de mon père, qui me mettent le cœur au ventre, il en faut pour le moment, en avant tête haute, mes braves, je crois que nous approchons du jour de la franchise en actions; la diplomatie finira par un grand coup; elle roule aujourd'hui ici sur l'union de l'Orient et de l'Occident; ils n'en veulent pas, disent-ils ; nous verrons bien.

Embrassade à Soliman pacha.

P. E.

CXCIX[E] LETTRE

A LAMBERT

Barrage, 31 décembre 1832.

Sur ta lettre tu mets : *très-pressée,* dans ta lettre tu dis : *j'écris à la hâte ;* Mahmoud me dit que le général lui a dit de revenir *au plus vite.* Je n'y comprends rien.

Dans tous les cas, voici réponse de Hoart et de moi :

Les plans avancent, et dans peu Linant pourra présenter un assez bon ensemble au pacha, il croit et je crois qu'il serait peu convenable d'envoyer quelque chose au fils, même un croquis avec légende, avant d'avoir présenté le tout au père, auquel, comme tu le sais, il n'a encore rien donné en ce genre.

Quant au levé de la propriété, je pense que Mahmoud n'est pas venu pour le chercher, car il est arrivé de nuit et repart avant le jour. Tu n'entends probablement pas par ce mot de *petit levé* le calque de la portion de la grande carte qui contient le jardin du général. Si c'est un levé complet de la propriété, je crois que le bon moment pour le faire sera celui où il fera construire sa maison, parce qu'on fera d'une pierre deux coups, et qu'on surveillera en même temps les ouvriers.

J'y reviens encore, je ne comprends rien à ta lettre si pressée, et vraiment si nous n'y répondons pas, Hoart et moi, comme tu désires, à toi la faute. J'avais même envie, pour percer ce mystère, de partir demain avec Mahmoud, mais je t'avais si bien prévenu que si tu avais besoin de moi, un mot me faisait partir, que je me suis abstenu ; d'ailleurs tout en me transmettant le salam du maréchal, tu ne me fais aucune invitation au nom de Soliman, raison de plus pour rester.

C'est la demande à Hoart que je trouve la plus forte ; tu ne dis pas pour qui est cette note, dans quel but tu la désires, ni même si c'est elle qu'il faut à la minute ; note qui exigerait d'ailleurs une main de papier et quelques tableaux d'organisation ; car la composition nouvelle de l'artillerie, rien que pour le personnel, doit occuper plusieurs *feuilles* du journal militaire.

Je crains d'après ce que tu me dis de Bès et

d'Adhem-bey que tu n'as pas vu, que tu n'aies pas bien lu les conditions que Duguet lui a faites. Songe qu'il faut, outre les 100 francs, 5 francs par jour!! et que la recommandation de *patience* que tu lui fais doit lui paraître fort drôle. Qu'en dis-tu?

Comment! tellement pressé que Petit qui doit avoir beaucoup à me dire n'a pas eu le temps de m'écrire un mot.

Mon cher enfant, pardonne-moi si je te gronde ainsi, j'ai en ce moment la tête extraordinairement préoccupée. Je compte aller causer avec toi sous très peu de jours, probablement au retour de Robaudi, mais d'ici là ne me fais pas de farce comme aujourd'hui, si tu ne veux pas me voir arriver de suite comme une bombe, pour savoir si vous avez ou si j'ai perdu l'esprit.

Tu me rappelleras au souvenir du maréchal, dont tu aurais bien pu me dire les projets de séjour au Caire, car je désire l'y voir, et je ne le pourrais si son départ pour l'Europe était aussi prompt qu'il le voulait d'abord.

Amitiés au général, j'aurais voulu savoir s'il était content de sa caserne.

A propos de caserne, je n'ai rien fait pour le

commandant, je renvoie cela à mon voyage prochain au Caire.

Voilà 1834 qui finit; nous allons voir ce que nous donnera de neuf 1835. Adieu.

P. E.

Tu ne m'as pas mis de date à ta lettre ; tu étais si pressé ! Eh bien je ne t'en mettrai pas non plus.

Pas un mot de Jallat ! de Rogé et de Massol ! de Drouot ! de Busco !

Je donne, en rechignant, quelques piastres *si rares* à ce brave Mahmoud.

CC^E LETTRE

A AGLAÉ SAINT-HILAIRE

Vieux-Caire, 6 janvier 1835.

Dans un si gros paquet trouver cette toute petite feuille pour vous, ma chère amie, la chose vous paraîtra peu ordinaire, car je me conduis en général autrement avec vous, mais je suis tellement occupé par l'un ou l'autre, depuis les derniers arrivages de France, que je n'ai pas osé m'engager dans une grande feuille, quoique j'aie, ce me semble, beaucoup de choses à vous dire. Pourtant je suis en ce moment à une de mes époques d'évolution; je suis plus rêvant que fixé; je sens quelque chose dans l'air comme à l'approche de toutes nos grandes phases; j'ai un petit peu de malaise, de fièvre, de fermentation; cet état me rend plus difficile encore une réponse à tout ce que vous me dites sur Ménilmontant. Ensuite je m'attends à recevoir par chacune de vos lettres, la nouvelle que tout est terminé sans moi, et il ne me reste après tous les efforts possibles d'imagination pour trouver ce que j'ai à dire dans ces affaires, qu'à vous remercier, ma chère amie, pour toutes les peines que je vous donne, pour toutes les tracasseries qui viennent vous tourmenter. Je crois aussi avoir à vous demander de prendre vis à vis de toutes ces contrariétés ce fameux calme si souvent recommandé et pratiqué par moi, et qui s'appuie sur la conscience parfaite d'une excellente intention. Vous direz peut-être, comme tant d'autres, que ce calme, c'est bien froid, et que nous sommes en hiver ; à cela je n'ai rien à dire, car le procédé dont je vous parle ne m'a pas encore procuré beaucoup de chaleur, c'est même par lui que j'ai dépensé une bonne partie de la mienne.

Vous ne vous étonnerez pas non plus si je ne sais que dire à toutes les nouvelles que Rogé et les autres m'ont apportées et que vous me donnez de Mlle Émilie. J'aime mieux vous parler du plaisir que m'a fait éprouver le Prince de Mme Dudevant dans la *Revue des Deux-Mondes;* c'est la première fois que j'ai pu rendre grâces à Dieu pour sa main de femme venant *sur la place publique* opérer le monde de la cataracte qui l'aveugle, et portant là encore, sur la borne du carrefour, la finesse de tact qui guérit sans douleur les petits *bobos* d'un enfant chéri. Sans douleur, j'ai tort de le dire, j'oubliais son prince ; elle le châtie bien rudement, ce vieillard sur le bord de sa tombe ; et pourtant cette vieille figure effacée et blafarde, ce renard ne sera pas damné, et sur les bords de la Manche, à Calais comme à Douvres, un jour on devra trouver un signe qui rappellera le diplomate qui a le plus contribué à réconcilier la France et l'Angleterre, qui a fait plus que le grand ingénieur Brunel, plus qu'un pont *sous* la Tamise, un pont *sur* le détroit que Napoléon n'a pù passer [1]. — C'est pour le jour des Rois que je reçois ce bon gâteau, il arrive à point; j'avais besoin, pour les rêves qui m'occupent, de ce témoignage de la bonté de notre Dieu.

Tout le monde ici est bien portant, et nous nous occupons du casement général; c'est long et les bourses sont légères, mais nous sommes si bien faits à toutes les difficultés, que nous marchons comme sur des roulettes.

Adieu, je vous embrasse, et vous recommande encore une fois de ne pas m'en vouloir pour ce petit bout de lettre, parce que la prochaine fois je réparerai longuement ma brièveté d'aujourd'hui. Adieu.

P. E.

1 Il est incontestable que le prince de Bénévent (Talleyrand), malgré le peu de faveur attachée, sous le rapport moral, à sa grande renommée, aura néanmoins une bonne page dans l'histoire pour avoir travaillé avec succès à l'alliance anglo-française, si nécessaire à la paix de l'Europe et si profitable à la civilisation universelle.

CCI^e LETTRE

A LAMBERT

Vieux-Caire, 12 janvier 1835, lundi soir 8 heures.

Le jour fixé par Linant (15 au matin) convient bien au maréchal à qui je viens de lire ta lettre au moment où il partait pour aller chez le pacha; mais arrangez-vous pour que ce soit bien le 15, faites que le mémoire et le devis soient écrits très-lisiblement ou du moins sur papier autre que celui qu'avait pris Hoart pour son brouillon.

Je pense qu'alors Petit reviendrait aussi. Le maréchal s'est plaint affectueusement de n'avoir pas reçu ses adieux; il vous fait ses compliments et le général ses amitiés. Quant à moi, ce ne sont ni des compliments ni des amitiés que je vous fais à vous deux et aux deux capitaines; qu'est-ce? tu le sais, quoique cela n'ait pas encore de nom.

A Linant compliments et amitiés; beau jour celui où je pourrai le comprendre dans ce que je viens de dire pour vous quatre.

A Prax, autre chose qu'à Linant, autre chose qu'à vous qui êtes de vieux grognards ; mais que cela soit *bon,* quoique cela paraisse *juste-milieu;* c'est mieux que ça, beaucoup mieux.

P. E.

CCIIᴱ LETTRE

A LAMBERT, AU BARRAGE

Vieux-Caire, 15 janvier 1835.

Mon cher Lambert, le général désire que tu apportes ton petit ouvrage de Biot sur les chemins de fer; prends aussi notre exemplaire du mémoire de Lepère, et demande à Linant d'apporter la grande carte d'Égypte, au moins ce qui a rapport au canal de Suez. Le maréchal a eu hier une très-bonne conversation avec le pacha sur cette question (canal et chemin de fer) et le pacha a ordonné des traductions d'un travail. Bonjour, nous vous attendons.

P. E.

CCIII^e LETTRE

A BARTHÉLEMY ENFANTIN

Vieux-Caire, 1835.

Je suis privé de lettres de France depuis bien longtemps et notre voyage va encore les reculer; pourquoi Augustine ne fait-elle pas mieux son service de secrétaire près de toi?

Mon brave et fidèle Petit est reparti pour la France par la Syrie, David y retourne aussi; tu sais que c'était un de mes enfants chéris, mon Benjamin; je les recommande tous deux à ta tendresse paternelle. J'ai désiré et hâté leur départ, ils n'avaient plus rien d'utile à faire ici, et seront au contraire bien placés en France.

Adieu, père; si tu écris à Romans, donne à Eugénie et Thérèse un souvenir bien tendre d'amitié. J'espère que Saint-Cyr aura senti sa faute envers toi et envers moi, et que tout s'est passé comme tu pouvais et devais le désirer. Je t'embrasse, bon père, sur ton large front, et Augustine sur le bout de son nez à la roxelane que sa maman appelait un pied de marmite, mais qui doit être très-gentil maintenant.

P. E.

CCIVe LETTRE

A DUGUET

Vieux-Caire, 23 février 1835.

Je t'avais promis pour plus tôt des nouvelles, cher enfant, mais impossible ; aujourd'hui je t'envoie des copies de lettres et une lettre de Lambert qui te mettront au courant de ce qui le concerne et te feront plaisir, en ce qu'elles confirment, expliquent et font ressortir ta mission. Aglaé joindra à cette lettre quelques détails que je lui donne et que je n'ai pas le temps de te répéter.

Toujours même impuissance, cher ami, à te dire ou plutôt à faire tout ce que je voudrais faire pour toi, après cette rude année que tu viens de passer loin de moi. Certes ta place ici ne serait pas plus difficile à trouver que celle de tous les hommes qui y ont voulu prendre de l'emploi, mais j'aurais voulu mieux que cela pour toi, j'aurais voulu une mission que tu aurais tenue de *moi seul* et qui près de moi ou même loin de moi t'aurait fait sentir que tu étais l'exécuteur d'un ordre direct du père : nous ne pouvons y songer encore; Dieu nous l'inspirera avec le temps. Arrange-toi donc, si rien d'ailleurs ne te retient plus longtemps en France, pour venir nous rejoindre de manière à être à Alexandrie fin juin, époque où la peste est finie; à cette époque Lambert sera près de son retour au Caire, et proche aussi de son départ pour la Syrie, où j'irai probablement avec lui et avec vous... et avec vous, monsieur le chevalier, qui retrouverez vos bonnes jambes et vos bonnes allures de dromadaire, guide et maréchal des logis, interprète et courrier, veilleur de nuit et battant l'air de la cravache le jour, en santé toujours, car tu sais que tu es toujours en santé près de moi. C'est entendu, n'est-ce pas?

Ce malheureux Fourcade avait beaucoup rêvé la venue ici de son ami Nicole de Troyes; il faudrait pour celui-là une certitude avant d'entreprendre un pareil voyage, car il est père de famille et la mort de Fourcade sera maintenant un obstacle nouveau, sinon pour lui, du moins pour tous ceux qui l'aiment.

Pourtant j'ai toujours pensé, comme Fourcade, qu'il viendrait un moment où la place de ce brave garçon serait ici et qu'il pourrait y rendre de grands services. Je ne t'en parle que pour y avoir l'œil; car je ne peux rien dire encore de positif, mais on se propose ici d'organiser pour la Syrie un corps de génie qui, malgré sa constitution toute militaire, aurait un but très-pacifique (routes, canaux et mines), parce que ce pays exige encore une occupation armée très-vigoureuse, même pour ses travaux intérieurs. Je crois que Nicole irait bien à Soliman qui sera chargé sans doute de cette organisation. Tout cela, je le répète, est dans le vague, mais je pense que Nicole aimera savoir que je pense à lui, et je te le dis, en souvenir de ce pauvre Fourcade.

Je t'envoie ces copies de lettres de Soliman et de Lambert, quoique leur expédition soit retardée, Soliman désirant les faire passer sous les yeux du pacha. *N'en parle donc à personne jusqu'au moment où nous t'aurons prévenu qu'elles sont expédiées;* d'ici là, *préviens* Boudousquié de *leur contenu,* ainsi que te le dit Lambert; c'est, en effet, lui, je l'espère, que ces lettres concernent; *n'envoie pas de copie,* mais dis seulement l'objet. Je ne crois pas t'avoir dit que Bès avait été assez promptement employé au barrage, ce qui nous a tiré une épine du pied. On parle d'organiser des écoles d'*apprentissage* d'ouvriers, l'une à l'arsenal du Caire, l'autre à Boulac, et deux autres au barrage, pour remplacer le malencontreux projet que le pacha avait eu de copier ici l'école de Châlons. Si cela se fait, comme je l'espère, Bès y aura sa place, et d'autres encore seront appelés. Dumolard sera placé, à son arrivée au barrage, c'est convenu avec Linant. Il ne nous a pas donné de ses nouvelles depuis son arrivée à Alexandrie avec Lachèse qui n'en parle même pas dans sa dernière lettre.

Adieu, cher enfant, je t'embrasse et voudrais que ce baiser te redonnât la force et la santé dont nous avons tous tant besoin pour accomplir les grandes choses que Dieu nous a données à faire.

P. E.

CCV[e] LETTRE

A AGLAÉ SAINT-HILAIRE

Vieux-Caire, 25 février 1835.

J'ai reçu au moment même où je venais de remettre à M. Mimaut ma lettre du 23, la vôtre contenant celles de Duguet, des 15 et 18 janvier. Je vous écris, ma chère Aglaé, pour vous délivrer des ennuis que vous auront fait éprouver mon départ grognon et mes reproches sur votre silence. Le vent nous a retenus hier, mais nous partons aujourd'hui sans faute. Transmettez, je vous prie, à Duguet, les lignes suivantes. Ses efforts auprès de Boullangé, Parandier et autres ingénieurs me font grand plaisir ; ils populariseront près des ingénieurs et du gouvernement la grandeur des travaux d'Egypte, et d'ailleurs s'il obtient la forme qu'il a conçue (espèce de commission libre d'enquête), ce sera un exemple superbe qui aura des résultats immenses pour la France surtout, en ce qu'il ressortira avec tout son caractère de grandeur et de générosité française, en regard de la demande faite par le pacha à Brunel de Londres de venir contrôler les plans du barrage.

Mes dernières lettres auront modifié les formes de Duguet en ce qui concerne la confection de ces plans aujourd'hui achevés et dignes d'être montrés à Brunel aussi bien qu'à la commission française ; Linant et les capitaines, Hoart surtout, ont travaillé merveilleusement. Certes il y aura des changements, et nous savons tous que ce premier projet aura le sort de tous les premiers projets ; mais comme les bases me paraissent inattaquables, je ne regarde les changements futurs à ces plans que comme des perfectionnements qui se développeront à mesure que les travaux marcheront et qui porteront presque uniquement sur des réductions de dépenses commandées par une sage économie. Je le répète, le voyage de Duguet me paraît la digne suite de ses travaux à Paris. Que mes dernières lettres surtout ne lui fassent pas croire à la nécessité de suspendre ses tentatives d'appel, et que mon départ n'en soit pas pour lui un signe, ni la peste, ni l'occupation nouvelle de Lambert. Mon voyage dans la Haute-Égypte, où se trouve le grand pacha et les consuls, où se rendront tous les grands du pays si la peste s'avance vers le Caire, ne sera pas perdu pour le barrage, ni pour les hommes qui viendraient y concourir, ni pour toutes nos autres œuvres. La peste aura la suite que la peste a toujours eue, un développement plus grand d'activité en tous genres quand elle sera terminée, enfin la position de Lambert : Duguet sait bien que le barrage, ni aucune grande œuvre ne sera possible en Égypte si on ne s'occupe pas très-activement des mines soit en Syrie, soit ici. Qu'il songe cependant à la boutade de D.... et que N.... soit toujours présent à sa pensée d'une part, tandis que de l'autre, il fixera sa vue sur Lambert, Hoart, Bruneau, hommes de *foi* et de *fidélité* à toute épreuve, cœurs *patients* et *bons,* persévérants comme moi-même, que rien ne rebute ni ne décourage et n'effraye ni dans le temps, ni dans l'espace, ni dans la vie. Pour d'autres qu'eux il faut des certitudes, des garanties au moins ; et nous n'en donnons pas, c'est donc en eux-mêmes ou du moins hors de nous qu'ils doivent trouver ces garanties, soit dans la confiance qu'ils ont dans leur propre force, et dans la situation financière qu'ils se sont déjà faite, soit dans l'appui du gouvernement français ou dans leur foi d'imposer leur capacité au pacha lui-même comme une nécessité et un vrai profit. Qu'ils ne négligent donc rien de ce qui peut entourer leur départ de France et leur arrivée ici de l'éclat que leurs travaux passés et la grandeur du but de leur glorieuse entreprise doivent jeter sur leurs personnes; or, la forme de *commission libre d'enquête, autorisée, appuyée* par le gouvernement français, je le répète, me paraît excellente, et dut l'amour-propre de mon cher Duguet en recevoir une trop douce atteinte, je la déclare admirable, et je *prie pour lui* comme il le demande à ceux qu'il aime.

La conclusion de l'affaire de Lambert me paraît en outre, comme les offres faites à N...., comme celles qu'on faisait à D.... lui-même quand il s'était enfui avant de les entendre, de nature à montrer combien un homme de talent, appuyé sur une réputation faite en France, est sûr, avec quelque patience, de pouvoir rendre d'honorables et de fructueux services ici.

Et je reviens encore sur la peste; après elle, le peuple qu'elle a frappé, douloureusement purgé, manifeste une vie plus active, et s'agite comme au sortir d'une vraie résurrection.

Ma chère amie, j'avais bien besoin de nouvelles

de vous, de mon père, d'Arthur, d'Adèle; merci, vous m'avez fait du bien; depuis quelques jours l'air me pesait comme dans mes crises que vous me connaissez; la douloureuse circonstance où nous sommes, cette mort précipitée de ce brave Fourcade, mon départ arrêté, un vrai changement de vie, et pas de nouvelles! c'était un poids qui m'étouffait, et heureusement, le jour même où votre lettre était remise à Lambert, j'étais de l'autre côté du Nil, à Gizeh, déjeûnant chez le commandant de l'école, avec Lubbert, tous trois seuls. J'étouffais. Quelques mots sur Fourcade, des paroles amies, des souvenirs de la France, cette petite communion, où j'étais sans un seul de mes enfants, et où je trouvais pourtant sympathie, enfin un soufle de Dieu qui passa sur mon front, gonfla mes yeux, je pleurai; je pleurai avec ceux qui ne connaissent pas encore mon âme, avec ceux qui ne savaient pas tout ce qui l'agite et l'échauffe, et qui pourtant me donnèrent des témoignages délicats d'affection et même de tendresse; et voilà que repassant le Nil, pas encore remis de cette crise qui durait encore, Lambert me remet votre lettre, ma chère amie, et j'ai pleuré encore en la lisant. Merci, la crise a été finie. Aujourd'hui, je suis comme vous m'avez toujours vu à ces lendemains ; je suis bien, calme, confiant dans la toute-puissante bonté du Dieu qui nous lie, fier comme toujours de la mission qu'il m'a donnée, prêt à souffrir encore pour elle, mais bien plus prêt à jouir quand sa tendresse parlera à celui qui entend depuis si longtemps sa parole de sévérité. Adieu, chère Aglaé, dites bien à tous mes braves enfants dont la foi m'est si douce, que je les aime toujours de mieux en mieux, car ils grandissent au milieu des difficultés ; et dites-leur aussi qu'ils seront aimés un jour pour toute l'affection qu'ils me donnent, car Dieu n'a pas fait leur amour seulement pour mon bonheur et pour ma gloire, c'est pour leur gloire aussi et pour leur bonheur qu'ils m'auront les premiers nommé leur père. — Adieu, je vous embrasse bien fort, et je pars. — Massol et Genevois nous suivent. — Massol... c'est vous dire que je ne reviendrai pas avec la même figure et le même costume.

P. E.

CCVIIE LETTRE

A URBAIN

Benisouef, 11 mars 1835.

Mon cher enfant, je suis parti du Caire sans t'écrire un petit mot et j'en ai été tourmenté jusqu'à ce jour, parce que j'ai pensé que ce silence en ce moment te serait pénible et à Jules aussi. Heureusement les lenteurs du Caire qui ont retardé le Kachef que nous attendons ici depuis dix jours me laissent le temps de t'embrasser avant qu'une plus grande distance me force à allonger les bras davantage ; à toi donc et à Jules un bon adieu sur ses grosses joues et sur toute ta face brune.

Le brave Genevois est aussi du voyage avec nous, c'est un second exemplaire de Petit ; aussi discret, aussi bon, et toujours homme à ressources, à provisions, à ordre — le Kachef vient avec Lefèvre et quelques jeunes ingénieurs arabes ; notre caravane dans les montagnes et au désert sera assez nombreuse ; notre Osman est, bien entendu, avec nous, toujours légèrement galeux, malgré les remèdes du père Dussap ; mais le soleil de là-haut va terminer cela promptement.

Je te parle de tout cela, et toi, tête pensante et calculatrice, et raisonneuse, tu dis peut-être : mais que diable le Père va-t-il faire là-haut ? combien restera-t-il ? reviendra-t-il ou ne reviendra-t-il pas ? ira-t-il de Thèbes en Chine tout droit, ou dans le sein de l'Afrique avec une négresse dont il sera tombé amoureux ? etc., etc. Je ne sais rien de rien ; allah-kérim, adieu les calculs pour quelque temps, je vais m'amuser, voir du pays, bambocher, batifoler avec la Barbarine, la Bédouine, la noire et l'Abyssinienne, est-ce que vous ne voulez pas que je m'amuse, monsieur ? Je sais bien, mon pauvre enfant, mon bon ami, que tu ne m'en voudras pas pour quelques plaisirs que Dieu me donnerait, à moi ton vieux père que les plaisirs n'ont pas usé jusqu'ici ; je sais bien que tu en jouiras, mais je sais aussi que plus tu jouiras, parce que tu m'aimes, et plus tu feras un retour sur toi, plus tu te diras. Et moi, et nous ? le Père nous laisse et qu'allons-nous faire ? Et alors l'école de Damiette, Paris avec son Duveyrier, le Père avec ses négresses, que sais-je !

Cayenne et ses jolies créoles, l'Amérique tout entière, ou l'Inde, ou la Perse, tout cela va te repasser sous les yeux dans tes rêves, et tu te sera déjà dit vingt fois avant d'arriver à cette ligne : Au moins si le Père me disait ce que je dois faire ou même s'il me disait ce qu'il compte faire de moi à son retour.—Ah ! bien ! rien, rien ! — ai-je puissance pour te placer où je voudrais et comme je voudrais que tu fusses, et je me réjouis presque de mon impuissance actuelle à rétribuer chacun selon son amour, car je crois que je ferais des folies pour ceux qui m'aiment.

Et maintenant, toutefois après toutes ces folies, quelques lignes de raison. Je compte que mon voyage durera quatre ou cinq mois, c'est-à-dire que je serai au Caire vers le mois d'août, si même je hasarde une prévision plus longue ; j'irai à la fin de l'année en Syrie : voilà le rêve que j'ai en ce moment dans la tête ; mais qui m'aurait dit, quinze jours avant mon départ, que j'irais voir le saïd ce mois-ci ? Nous sommes dans un moment où j'ai ouvert mes voiles sans regarder d'où le vent souffle, dût le kamsin les enfler et les trouer. Que la barque marche où Dieu la pousse ; tu la reverras, enfant, quand il sera temps pour toi et pour moi. Jusque-là inspire-toi de ce laisser-aller de ton Père, et va toi-même comme Dieu veut; il ne veut que notre bien et par nous celui de tous.

Adieu, chers enfants, je vous embrasse.

P. E.

CCVIII[e] LETTRE

A LAMBERT, AU CAIRE

Karnac, 23 juin 1835.

Je t'ai écrit le 12, cher fils, à Cosseir, par le retour de ton courrier du 9. Je te priais, après ton arrivée au Caire, de me donner de suite des nouvelles, pensant qu'il devait y avoir alors quelque circonstance importante qui me rappellerait de ma solitude. Je songe maintenant que tu trouveras peut-être Duguet au Caire, quoique je n'aie aucune nouvelle de lui; or, c'est à lui que le titre de Courrier appartient.

Le jour même où je t'ai écrit, j'ai appris par une lettre de M. de Lesseps à M. Mimaut la grande résolution d'Urbain ; j'attends avec impatience des détails ; c'est un acte grave, qui ne m'a pas surpris, et dont j'ai seulement été affligé d'apprendre *indirectement* la nouvelle. Je pense bien qu'il y a quelque amour de femme là-dessous.

Je suis toujours entièrement privé de lettres, même de Soliman, à qui pourtant j'ai écrit trois ou quatre fois au moins depuis notre voyage.

Si tu avais un compte courant avec moi, je te dirais de me débiter, par le crédit de Genevois, des 257 p. 20, montant de son compte de transport de pierre, que M. Mimaut m'a payé, et de me créditer, par le débit d'Osman, de 90 piastres donnés par lui à sa mère. J'ai pris ces piastres parce que je suis certain, de cette manière, d'avoir encore des munitions pour trois mois dans mon petit fort, vu la vie très-modeste que j'y mène, et malgré les frais de mon éducation arabe.

Ne manque pas de me dire si tu comptes séjourner longtemps au Caire, et où en sont tes projets de voyages en Syrie. Le départ de Soliman pour Alexandrie, et son séjour dans cette ville près du pacha, est de nature à modifier beaucoup de choses de notre vie ; et nos places occupées, d'une part par Clorinde, de l'autre par Beaufort, sont de nature à faire réfléchir. Tout cela se combinant avec l'état politique de la France et de l'Angleterre dans quelques mois, nous donnera l'inspiration, ou d'une *patience* nouvelle sous forme nouvelle, ou d'une *activité* qui tarde bien à se révèler à moi.

J'ai vu dans les *Débats* le compte rendu de la pièce de Duveyrier ; je n'y ai rien compris ; mais comme je pense que le rédacteur a compris encore moins la pièce que je n'ai compris son article, j'attends plus de lumières du feuilleton du *Temps*, où je ne vois plus d'ailleurs le nom de Guéroult.

Pas une seule lettre d'Alexandrie n'a nommé Ollivier, j'espère donc qu'il est bien portant ; mais que fait-il, le brave garçon ? comment supporte-t-il cette longue inactivité, cette contemplation sans fin ?

J'ai écrit par le retour du docteur Delong à la pauvre Suzanne qui doit être un peu embarrassée de sa position actuelle, mais qui trouvera au moins un soutien dans Delong, si j'en juge par les termes de ses lettres à Delong qui me les a montrées.

Beaufort paraît un peu dégoûté, par sa longue

maladie, de ce pays-ci ; et si, près de Soliman, son inactivité continue comme précédemment, je ne serais pas surpris de le voir repartir bientôt pour la France ; ce serait une perte pour Soliman ; mais, d'un autre côté, je ne vois pas, à moins de très-grands changements dans l'allure politique de ce pays (qui sont, il est vrai, très-possibles), comment il pourrait être employé utilement, activement, et d'une manière qui plaise à ses goûts et à son ambition.

Qu'il me tarde de savoir comment vont les capitaines et Linant, et où ils sont ensemble !

Ce sera, je crois, le jour de ma fête, 25, que commencera ici, je crois, ma vraie solitude ; que M. Mimaut partira ce jour-là, et tous les autres, sauf Fresnel, l'auront précédé ; mais nous nous sommes déjà dit adieu avec Fresnel, et la distance qui nous sépare me fait peu croire à une revue. Nos rapports ont été d'ailleurs aussi bons et aussi affectueux que possible avec une nature réservée comme la sienne.

J'ai recueilli chez moi le petit frère d'Osman, pour lui éviter les rudes travaux du canal ; dis à Osman, qu'il travaille beaucoup ; c'est un gaillard qui aurait été fort en thèmes dans nos classes ; malgré cela il est très-gentil. Quant à l'autre, c'est un brave et joli garçon, mais paresseux comme tant d'hommes qui aiment le plaisir, et il l'aime de passion. Quand nous pourrons avoir un peu de culte autour de nous, il représentera assez bien. Mon jeune scheick a une ophthalmie comme ce pauvre Genevois, elle ne fait que de commencer, mais elle paraît devoir être très-forte. C'est également un assez gentil garçon, mais paresseux aussi, seulement comme un scheick, ce qui a moins d'attrait que la paresse d'Achmed. Voilà à peu près toute ma société d'ici, sauf deux ou trois voisins, avec lesquels je bavarde le plus que je peux, à chaque heure du jour, et avec lesquels j'apprends au moins autant qu'avec mon scheick. Je sens que, sans avoir fait jusqu'ici des progrès très-sensibles, je serai en état, dans quelques mois, de profiter, dans une vie active avec des Arabes, de ce commencement d'études pour continuer insensiblement mes progrès, et que j'arriverai au moins à bavarder, et aussi à comprendre ce qu'on dira devant moi; c'est fièrement difficile quand on touche à la quarantaine et qu'on n'a pas été fort en thèmes dans son enfance. Beaufort m'enlève son dictionnaire de Boktor qu'il m'avait prêté, ce qui me laisse un vide considérable dans ma bibliothèque.

Je viens de parler de ma quarantaine; c'est un joli chiffre qui fait faire de bonnes réflexions ; mais moi qui vois toujours assez en beau, comme tu sais, je trouve que c'est un fort bel âge que quarante ans, pourvu, il est vrai, qu'on fasse quelque chose à cet âge, car si ma vie devait se continuer encore longtemps comme je la mène depuis un an, il me semble qu'elle conviendrait mieux à un homme de soixante ans qu'à un homme de quarante.

Adieu, cher enfant, tu sens combien je suis désireux de tes nouvelles ; cependant prends quelques jours de repos à ton arrivée, avant de m'écrire, afin de t'inspirer toi-même du milieu nouveau où tu vas tomber. Je t'embrasse.

P. E.

P. S. J'apprends que Guéroult a quitté le *Temps* pour entrer aux *Débats*, et qu'il va faire en Espagne la correspondance de ce journal.

CCIX^E LETTRE

A SOLIMAN-PACHA, AU VIEUX-CAIRE

Karnac, 14 juillet 1835.

Mon cher général, mes amis me laissent toujours sans nouvelles dans ma solitude, et c'est presque par miracle qu'une douloureuse nouvelle que vous connaissez sans doute est venue m'y trouver. Je crains que beaucoup de lettres ne soient perdues, et je vous prie, si quelque courrier de vous s'était égaré, de faire faire les recherches, afin de retrouver les dépêches.

J'ai écrit à Lambert par Beaufort, pensant que notre mineur ne tardera pas à être de retour au Caire ; cependant, s'il n'était pas arrivé vers le 15 août, je vous prierais de me faire passer l'argent que je lui demandais (environ 1,500 à 2,000 piastres). Le consulat qui a un agent à Guané vous facilitera cet envoi, si d'ailleurs il n'est pas plus commode d'avoir une délégation sur le moudir. Vous voyez, cher général, que j'agis en cette circonstance, envers vous, en ami, et pourtant franchement je vous en veux de m'avoir laissé sans nouvelles de vous depuis si longtemps, dans l'inquiétude où nous mettait ici la peste. Ma mauvaise humeur se renforçait encore de tout le chagrin que me causaient les tristes nouvelles qu'on me donnait du Caire, où la mort a frappé beaucoup de ceux que Dieu m'avait donnés pour enfants, tandis qu'en France elle m'enlevait mon père et détruisait ainsi un de mes plus doux rêves, car j'avais toujours espéré que Dieu laisserait voir à mon père de meilleurs jours pour son fils et terminerait ainsi plus doucement sa bonne vie.

J'ai dit à Lambert que je croyais quitter Karnac vers le mois de septembre; mais plus j'y reste, et plus je vois de motifs pour y prolonger encore mon séjour, et, à moins d'événements tout à fait imprévus qui me forceraient à me rapprocher des personnes et du monde que j'aime, je continuerai mon apprentissage d'arabe, sans m'en lasser comme un enfant, avant d'en avoir réellement profité. Vous savez que six mois sont bien peu de choses pour cette langue si difficile, et je m'aperçois à peine aujourd'hui du fruit de mon travail.

Je ne fêterai pas avec vous cette année, cher

ami, la saint Napoléon et l'anniversaire de la naissance de votre petite fille, mais je réclame pour ce jour un bon souvenir d'amitié pour moi, car de mon côté, ici, je sera vraiment avec vous, en esprit sinon en chair, toute cette grande journée. — Je vous embrasse. — Amitiés à Beaufort, compliments à Kiani-Bey. — Mes respects à Mme Marie, et un salut bien affectueux à Mme Roger.

P. E.

CCXIe LETTRE

A LAMBERT, AU CAIRE

Thèbes, 7 août 1835.

Je t'envoie, cher enfant, une lettre de Duveyrier que tu feras bien de transmettre à Urbain, dont j'ai reçu une bien jolie lettre après sa circoncision. Si j'ai le temps, je lui écrirai aussi. — Plus une lettre de Suzanne ; plus enfin toute la dernière correspondance de Duguet, que tu feras bien de lire avec les capitaines. Je joins à tout ceci une lettre à Aglaé et une lettre à Duguet; tu les liras, et cachèteras celle à Aglaé qui renferme l'autre, et tu mettras à la poste. Cette lecture me permettra d'être un peu moins long avec toi, cher ami.

Hoart m'a écrit; sa lettre est douloureuse, et je crains que notre bon Bruneau ne souffre aussi horriblement. J'apprends de France qu'on a dû leur faire passer quelque argent et je m'en réjouis fort. J'ai reçu moi-même ici 300 francs en une traite que je garde jusqu'à nouvelles de toi, parce que, si je manquais d'argent d'ici là, je ferais usage de cette traite pour m'en procurer.

J'ai écrit à Soliman de m'envoyer 1,500 à 2,000 piastres, si tu n'étais pas de retour vers le 15 août. J'avais demandé précédemment quelques provisions, mais notre bon général n'a plus le brave Brun, et l'envoi a été fait si négligemment que tout le sucre, la poudre et le tabac ont été mouillés à fond de cale et perdus. Ce sont précisément les trois choses que je désirais le plus. J'ai demandé depuis à Beaufort de l'alcali pour les piqûres de scorpion et de l'eau pour les yeux; je te prie d'y joindre la note que j'ajoute ici.

Un couteau à canif et poinçon, un autre sans canif, plus un canif ordinaire pouvant rentrer dans l'écritoire arabe. Le plus de journaux que tu pourras, et du papier pour toute sorte d'usages, propre à mettre à toutes sauces, plus du papier à lettres, du papier comme celui-ci et du plus ordinaire ; de l'amadou ; deux ou trois briquets ordinaires. Quelques-uns des livres arabes imprimés au Caire et que tu demanderais au scheick Reifa ou à Adhem-Bey. Un Koran en arabe, si tu peux t'en procurer un pas trop cher, et le dictionnaire de Boktor, si possible est ; joins-y quelques livres de bonne poudre, si le Kachef peut t'en procurer, et mets-les dans des bouteilles bien bouchées. Si tu as pour m'envoyer tout cela une occasion commode, joins-y un fanon en lanterne, à vitres, et un autre en toile. J'ai du café pour près de deux mois encore; cependant un petit sac de ce précieux comestible me ferait grand plaisir et, comme tu es content quand tu peux me faire quelques douceurs, ajoutes-y quelques tablettes de chocolat. Un cadenas avec son piton et sa serrure.

A défaut d'autre chose, je passe toujours mon temps à la chasse et à l'arabe ; la dernière chose est plus difficile que l'autre, vu l'absence de livres et de drogman ; cependant cela va toujours un peu, et j'arriverai à baragouiner, j'espère, au moins comme Soliman-Pacha, je n'en veux pas plus. Je n'ai eu ici aucune visite depuis le départ du conseil, sinon un Anglais qui est passé chez moi quand j'étais sorti, et dont je n'ai pas su le nom ; il venait de l'Inde.

Sophie était chez Aglaé en mai, se portant bien, et attendant qu'Auguste Chevalier lui rende son appartement. Aglaé ajoute : « Je me trouve faible « à côté de cette brave fille qui travaille sans se « plaindre, et qui même est gaie. Elle vous aime « bien, et son cher frère, Dieu sait comme elle « voudrait bien l'embrasser ! Mais elle ne songe « pas à franchir un si grand espace, au moins « elle ne se débat pas entre ses désirs et l'im- « possibilité. »

Venons aux affaires sérieuses.

D'après ce que me disent les capitaines, le barrage paraîtrait être fortement ajourné et je n'en suis point étonné, car enfin il faut bien que quelque chose témoigne l'impuissance de l'Egypte à faire une pareille œuvre sans l'Europe. Mais voyons les suites de cet ajournement. Les capitaines paraissent vouloir se rattacher à Soliman ; peut-être le moment est-il, en effet, très-convenable; mais il faut avoir quelque chose de net à lui demander. Je crois qu'ils doivent jeter les yeux sur la Syrie, au moins autant que sur l'Egypte; il y a évidemment en Syrie, par suite de l'occupation d'Ibrahim, quelques créations à concevoir, et surtout des destructions à régulariser et même à empêcher.

Cette position des barrages qui me peine, à cause des souffrances de ces braves capitaines, mais qui pourtant m'inquiète peu sur leur sort, parce qu'ils sont forts comme roc, me tourmente un peu plus pour Duguet et me gêne à lui écrire, éloigné comme je le suis des lieux. Il faudra donc que tu supplées, par les détails que tu lui donneras, au vide de ma lettre sous ce rapport. Quels que soient les résultats de ses superbes efforts, *quant au barrage,* les résultats les plus importants sont déjà obtenus en *France*, et Duguet a conquis une estime qui portera de beaux fruits. Mais ceci n'est qu'une manière générale d'envisager la chose, et cela ne résout pas les inconvénients individuels qui seront la conséquence de l'abandon par plusieurs de projets faits sous l'inspiration de Duguet. Je demande dans ce but, comme excessivement importante, la demande qui était relative aux mines, et que le

BIBLIOTHÈQUE NATIONALE R.F.

général avait laissée en suspens à ton départ ; elle confirmera en France le crédit de Duguet. Tu verras ensuite par toi-même ce que tu peux faire, soit au Caire, soit à Alexandrie, de la correspondance de Duguet, et s'il n'y a pas à faire part à quelques personnes, comme il le désire, de ses efforts en faveur de l'Egypte. Je pense que M. Jomard en aura écrit à quelques-unes ; d'un autre côté, je crois que, si on a pris, de France, quelques notes sur nous près du consul, elles seront assez bonnes aujourd'hui.

Je n'ai reçu du Général, en même temps que son envoi, qu'un petit billet assez insignifiant, auquel était joint un post-scriptum de Clorinde, plus insignifiant encore. Je ne serais pas absolument surpris d'avoir mis notre bon général à une épreuve assez forte en lui demandant ces 1,500 à 2,000 piastres. Mais je l'ai fait avec intention, et j'aurais été bien aise que plus de certitude dans leur arrivée m'eût permis de lui faire remise, quelques jours après ma demande, des 300 francs que j'ai reçus.

Mes projets sont toujours aussi obscurs. Dans ma dernière lettre au général, je lui disais que plus je restais ici et plus j'y voyais la nécessité d'y prolonger mon séjour. Cela est vrai sous beaucoup de rapports, mais non sous tous les rapports, et je m'en tiens à ce que je t'écrivais dans ma dernière lettre, c'est-à-dire qu'en septembre ou octobre je pourrais bien décamper, non pas seulement parce que j'en aurais envie, mais parce que d'autres motifs m'appelleraient ailleurs. Si je ne pars pas alors, c'est que j'aurai reçu au contraire du *non-moi* des avertissements qui me diront de rester dans mon obscurité.

J'espère, monsieur le théologien, que vos observations et méditations astronomiques, pendant votre voyage, vous ont mis à même de rédiger les grosses idées que vous roulez depuis deux ou trois ans dans votre bonne tête, et que, sous forme de mémoire ou autre, les académies de France, de Londres et de Berlin ne tarderont pas à en avoir connaissance. Je crois que tu avais besoin d'être sans ton père, pour mettre au net ta pensée; aussi je te préviens que je ne reviens pas au Caire, si tu ne me dis pas que c'est fini et que, sous forme de mémoire, de lettre, ou tout autre, tu as jeté les astres sur les têtes savantes, en forme de queues que tu fais à toutes les susdites têtes.......

Sans plaisanter, je regarde comme un vrai devoir pour toi de ne pas garder plus longtemps dans ton portefeuille vivant des idées qui, par leur émission, en engendreront d'autres en toi et chez les penseurs, et je te dis comme à Urbain : Il est temps.

Je doute que tu puisses répondre à Duveyrier très-longuement sur ce qu'il te demande pour sa pièce égyptienne ; mais Barrault, Urbain et David à Paris, c'est plus qu'il n'en faut pour que Charles accouche.

Le retour de Michel, les œuvres faites et prochaines de Charles, quelques lueurs d'espérances jetées çà et là, même dans les lettres d'Aglaé ; le livre de Heine sur l'Allemagne, la belle mission de Duguet et la manière dont il a été partout accueilli, sont de bons signes à l'horizon. La mission de Fournel lui-même me paraît aussi plus claire ; je crois qu'il avait encore besoin de pratiquer sur une échelle moins haute que Suez et Panama, pour se dérouiller de la rue Monsigny.

Si Guéroult vient, comme le dit Aglaé, pour le journal des *Débats,* c'est encore un excellent symptôme, qui aura d'ailleurs un double avantage, social et individuel, car je sais quelqu'un qui en aura le cœur bien joyeux ; ceci soit dit sans jalousie, monsieur, car enfin je ne veux pas absorber tout votre amour, et vous en avez si forte provision qu'on peut bien vous permettre d'en donner à d'autres, d'autant plus qu'en général vous ne le placez pas mal.

Barrault à Paris, d'Eichtal souffrant en Grèce et qui sera bientôt en France (je le crois, quoiqu'on ne m'en dise rien), ou ailleurs, mais qui doit avoir assez de la Grèce. Le retour de Resseguier pour son mariage avec la belle-sœur d'Alexis, la vente de Ménilmontant, la mort de mon pauvre père, les huit années accomplies pour Arthur ; d'un autre côté la politique tombant dans la farce par le procès monstre ; tout cela est sujet à méditations, et je touche dans six mois ma quarantième année.

Je t'écris là comme je pense ici, en chassant et courant plusieurs lièvres à la fois, ce qui ne m'empêche pas d'en attraper quelques-uns, parce que je suis devenu assez bon chien de chasse avec les Bédouins; fais comme moi, et, dans tous les lièvres qui courent sur mon papier, prends-en quelques-uns, car tu es aussi bon chien de chasse.

Je reviens aux braves capitaines. Sans doute j'ai traduit un peu à ma façon la lettre d'Hoart, car enfin il ne me dit pas que tout soit suspendu, mais j'ai cru sentir dans sa lettre, comme je le sentais d'ailleurs en moi, que ce devait être. Dans tous les cas et quelles que soient les modifications que ce que tu écriras à Duguet apportera à ma lettre, je m'en tiens à ce que j'ai écrit, au moins pour moi. Le pauvre Lami disait : Dieu ne se répète pas ; et en cela il avait tort, parce qu'il faut répéter aux sourds ; mais toujours est-il que, quant à moi, je ne recommencerai pas la vie du barrage. Quant aux capitaines qui paraissaient flottants sur ce qu'ils devaient faire, mais que leur vigueur apostolique a tenus en garde contre une demande de conseil ou d'ordre de ma part, je suis bien aise que la distance qui nous sépare leur permette en effet de se livrer à leur inspiration, et de prendre définitivement leur voie propre, ensemble ou séparément, ici ou ailleurs, comme ils le sentiront, et je suis bien aise aussi qu'ils se trouvent plus particulièrement les patrons d'ingénieurs tel que Borel et Capella qui pourraient venir, et qui n'ont que faire de moi pour guide dans leurs travaux et pour appui dans leurs démarches ; car pour faire de l'*industrie* comme pour faire de la *politique*, il ne faut pas être solitaire ; or, je serais au Caire que je n'en serais pas moins solitaire, malgré votre foi, et malgré l'affection de quelques hommes. Il faut avoir *force* officielle, richesse ou pouvoir, et je n'ai rien de cela; j'ai fait, je crois, tout ce qu'il était possible de faire sans ces deux leviers, mais aussi je n'en *peux* plus ; j'ai fait des tours d'*adresse* et des tours de *force,* mais ce sont toujours des tours et je n'en VEUX plus.

Tu verras peut-être, dans ma lettre à Aglaé, quelques passages qui te seront obscurs, parce que ce sont ou des réponses à des lettres d'Aglaé ou des suites de mes lettres antérieures que tu ne connais pas; mais quand nous nous reverrons au Caire, tu te remettras au courant.

Quelques mots du passage de la lettre à Duguet relatifs à la quête. Songeant à la manière dont j'ai vécu jusqu'ici en Égypte, il m'a semblé que c'était puérilité et inconséquence et maladresse de ne pas régulariser quelque chose sous ce rapport. Car, enfin, vivre de la générosité de Soliman comme je l'ai fait, est encore une chose que je ne recommencerai pas plus que ma vie du barrage; vivre de ton argent seulement est une injustice faite à d'autres et à toi ; chercher à faire un travail rétribué par des *infidèles* est une impossibilité, et c'est aussi une faute de rejeter, par ce moyen, la pratique d'un devoir et d'une joie pour les *fidèles;* s'opposer à un pareil témoignage, et même ne pas contribuer à le faire naître, c'est peut-être une vertu chrétienne, mais nous l'avons suffisamment cultivée et elle ne suffit pas; en deux mots, nous ne vivons ni de prières seulement, ni de la rosée du ciel seulement, il nous faut du pain, du vrai pain, et je ne vois pas en quoi je manifesterai ma mission et ma puissance, en cherchant plus longtemps à me faire boulanger; à chacun selon sa capacité; or, le monde, qui ne reconnaît pas ma capacité, serait lui-même fort embarrassé de dire celle qu'il me suppose, et aurait peu de foi dans mes œuvres si je lui pétrissais du pain ou des brioches; j'aurais peu de chalands et risquerais encore la banqueroute; et, d'un autre côté, je ne me suis jamais donné pour un être universel, et je confesse que je ne sais pas faire les petits pâtés. Et tout ceci me conduit à te parler d'un autre homme qui n'est pas non plus très-fort pâtissier; c'est ce pauvre Ollivier, dont une des grandes souffrances tient à ce qu'il ne s'est jamais senti le moyen de gagner sa vie par lui-même, dans ce monde qui n'a pas de fonctions pour lui. Hoart me dit qu'il est entré dans une ferme; c'est bon sans doute pour trois mois, pour six mois, mais il ne pourra y rester une année, et il lui faut même une persistance qui est voisine de l'entêtement, s'il ne sent pas dès à présent que quelques sillons, tracés par lui, ne valent pas un baiser qu'il donnerait à sa mère. — Dieu qui nous a laissés, toi et moi, orphelins, a sans doute voulu témoigner ainsi que dans l'ordre de la famille nous avons seulement un *avenir* à créer; mais il est clair que si ta pauvre mère avait vécu, à l'époque où tu m'écrivais tes douleurs d'enfantement du Caire, tu ne serais pas directeur de l'École des mines, et serais encore une fois, comme en 1832, retourné, *malgré* ta foi apostolique, et à *cause* de ta foi, vers la famille, oscillant entre les deux mondes, entre la politique et la morale. Moi, de mon côté, tu le sais, ce qui m'agite le plus depuis assez longtemps, et ce qui s'est formulé au moment où mourait *mon père,* par le rêve du 2 MAI dont je parle à Aglaé, c'est l'amour de *mon fils;* et tu verras, dans la correspondance de Duguet, une lettre de Capella qui m'a fait mal, parce que Duguet s'absorbe dans la politique d'une manière exclusive qui ne me paraît plus voulue de Dieu. Toutefois je n'ai pas voulu lui en parler, craignant que ce pauvre enfant ne vît dans ma parole un reproche, une désapprobation, tandis que je ne voudrais lui donner qu'une lumière qui le mît sur la voie où il trouverait du bonheur s'il y entrait de lui-même et non poussé par ma main. Je compte un peu sur toi pour cela, et je crois que cela t'est facile, au moment où je prie Duguet de m'annoncer *mon* fils si *sa* mère y consent (ceci est mon rêve du 2 mai, entendez-vous, monsieur Lambert, du 2 mai!). Même facilité pour Ollivier, à qui je t'autorise à *dire,* mais non à *écrire,* mon rêve du 2 mai. — Quel que soit le résultat de ce rêve, l'acte est accompli, la lettre écrite le 2 mai est partie cinquante-quatre jours après avoir été écrite, c'est-à-dire après mûres réflexions; et, quoique je l'aie donnée à Aglaé comme un rêve, il est bien confirmé par mes lettres d'aujourd'hui qu'il a pris toute la solidité d'une réalité.

Je crois qu'il est bien aussi que tu en parles avec les capitaines, car ils communient trop bien avec moi pour qu'ils restent dans l'ignorance sur un fait aussi important de ma vie.

Je te renvoie une lettre de M. de Lesseps au général, quoiqu'elle soit sans intérêt, ainsi qu'une lettre arabe pour Aly du Kachef; la première était mêlée à mes lettres, je crois au milieu de celles de Duguet, et je crains qu'elle n'y ait été mise au lieu du billet de Duguet à Fonfrède. Je suis bien aise qu'Hassan-Effendi, secrétaire du général, voie cette petite étourderie, afin qu'il recherche dans ses papiers s'il n'y trouverait pas de lettres à moi. Croirais-tu que ni le général ni Clorinde ne me disent pas un mot sur la mort de mon père? qu'ils ne me parlent pas de Beaufort, parti d'ici encore bien malade; pas un mot sur tous nos morts du Caire!

Parlons un peu plus nettement de mon pèlerinage; j'attends ici de tes nouvelles et encore des nouvelles de France. Aussitôt après, c'est-à-dire, je pense, vers la mi-septembre, je pars pour le Caire, me faisant toutefois précéder par une lettre qui te donnerait le temps d'y faire quelques préparatifs pour que je puisse, pour ainsi dire, seulement traverser la ville. Puis, je pars pour la maison de Linant au Sinaï, où j'attendrai encore les nouvelles que tu me donneras sur ton voyage en Syrie; puis alors Jésus, — puis enfin Mahomet. Après un pareil voyage, si je ne suis pas Arabe, ce ne sera pas ma faute. Je crois que je serai avant toi à Jérusalem, parce que la saison n'y serait pas convenable pour toi, tandis qu'elle ne me gênera point pour ce que je veux y faire, moi qui ne suis pas mineur; mais je t'y verrai toujours, parce que je compte y séjourner assez, et que je pense toujours que ton voyage en Syrie est indispensable. Je suis loin de prévoir à l'avance le *temps* que me prendra ce voyage, ni *où* il me conduira, mais c'est encore une station de ma vie que je sens bien être dans la ligne de mes devoirs, qui est en germe dans la conception de ma station précédente, et qui réalise en partie la belle prophétie de Duveyrier sur mon voyage. Est-ce à l'Hymalaya que je rencontrerai autre chose que le célibat? J'espère que ce sera avant, car je n'y tiendrais pas.

J'ai une lettre de Reboul de Donyola; il doit être en ce moment au Caire; vois à l'employer, je crois que ce sera facile et bon.

Les capitaines me répètent, ce que je savais déjà par M. Mimaut, sur la belle conduite de Lachèze et sur le projet de légion d'honneur; fais-lui mon compliment pour sa noble entrée sur la terre d'Égypte. Je crains toutefois que tu aies de la peine à lui faire bien sentir que, quand on a une conduite comme cela, on a une religion, un Dieu, un culte; seulement on a un culte sans pompe, un Dieu sans dogme qui relie toutes les pensées, une religion sans art, sans poésie; on est philanthrope ou amant de la science, ou bien encore on est comme tout homme courageux, un peu enivré et exalté par le danger; mais alors cette religion-là vit comme une fièvre, dure comme une passion et ne saisit pas l'homme dans tous les actes de sa vie; après avoir sacrifié à son Dieu, on est tenté de se dire : Je suis fou de m'exposer ainsi, et l'on ne se *pardonne* son dévouement qu'en disant : Ce n'est pas ma faute, c'est le résultat de mon organisation. — Mais Eugène a été puissant pour Rességuier, tu le seras aussi pour Lachèze.

J'ai reçu deux billets de Cogniat, l'un pour m'annoncer la mort d'Alric, l'autre pour réclamer contre l'interprétation que quelques personnes ont donnée à son refus de venir dans la haute Égypte, et où l'on a vu un refus de venir avec moi. Cogniat dit avec grande raison que ce n'est pas moi qui l'engageais à venir, que ce n'est donc pas moi qu'il a refusé de suivre. Le fait est que, vu la forme que notre voyage a prise, il aurait été gêné et gênant.

Amitiés à Genevois et à Massol; dis à celui-ci qu'Aglaé m'écrit qu'elle l'aime moins sans m'en dire les motifs. Bonjour au Kachef et salut à

Lefèvre, qui me paraît, d'après une lettre d'Arlès, devoir posséder en ce moment le crocodile. Un mot de moi à Mehemet-Sohafli; quant à Osman, s'il n'a pas la gale, une poignée de main de Bédouin. Amitiés à Prax dont Hoart ne me dit pas un mot, ce qui n'est pas bien. A tous ceux qui nous aiment, à Suzanne surtout, et à Agarithe un souvenir de ton vieux père, cher fils, qui t'embrasse bien tendrement. — P. E.

Guesné, 9 août 1835.

J'ajoute ces lignes de Guesné, parce que je me suis assuré de l'impossibilité de négocier mon petit billet de 300 francs, que je t'envoie endossé à l'ordre de M. Piozin, valeur en compte, afin qu'en ton absence les capitaines puissent le toucher et m'en envoyer le montant. Je crois que M. Piozin pourra donner un mandat sur Guesné, sinon il faudrait voir au consulat, ou, enfin, obtenir une délégation sur le Casnadar du Moudir par Artyn-Effendi, près de Mouktar-Bey, ou par Turles près Boghos. Tout cela est *très-pressé,* car je suis à sec; je compte sur la plus grande promptitude.

Dis à M. Mimaut ou écris-lui, car je n'ai pas

le temps de le faire, que le Naser vient d'accomplir sa promesse, et qu'aussitôt après la fin des travaux du canal, il a ordonné des fouilles à Karnac, au delà de la porte du Nord. Il m'a dit avoir mis vingt hommes, le scheick Hussein m'a dit quarante; je ne les ai pas vus, c'était la veille de mon départ. Le susdit scheick me remit deux lettres pour le consul; je les lui envoie par ce courrier sous ton pli.

J'apprends ici que Soliman-Pacha est parti pour la Syrie; cela s'accorde bien avec mes projets, mais qu'est-ce? Il me tarde de savoir le pourquoi. Ibrahim revient-il?

Je suis venu ici avec mon jeune scheick, qui vient acheter divers objets pour son très-prochain mariage, et avec Achmed qui veut joindre ici une lettre pour Osman, à qui tu diras, d'ailleurs, que toute sa famille se porte très-bien.

Mon scheick écrit aussi à Urbain pour le complimenter, mais je ne sais s'il pourra finir avant le départ du courrier.

Il reste ici encore demain, et le soir je partirai pour mon village. Je suis venu en barque et m'en retourne de même.

L'accueil que me fait l'agent consulaire est un

peu froid, cependant je le crois bon homme et complaisant.

Adieu, cher ami, je finis en t'embrassant, ainsi que nos deux bons capitaines.

P. E.

CCXIe LETTRE

A ISMAYL-EFFENDI (URBAIN), A DAMIETTE

Karnac, août 1835.

Le même jour où je reçois ton acte d'amour, cher enfant, je reçois aussi de ton poëte chéri une lettre pour Lambert; je la lui adresse en le priant de te la communiquer; c'est une caresse que je t'envoie pour toutes celles que tu me donnes.

J'avais appris par le consulat ta grande résolution, et j'avais rendu grâces à Dieu de ce que toi, le premier de tous mes enfants venus en Orient, tu avais voulu joindre au baptême chrétien l'antique baptême de la chair, et témoigner ainsi de ta foi dans l'union des deux grandes religions qui se partagent le monde, et cette nouvelle concordait si bien avec les pensées qui m'agitaient alors, qu'elle fut pour moi une véritable lumière, et éclaira une partie de ma vie que je sondais sans la bien comprendre. Merci, prophète; le même Dieu vivait en nous en même temps et il t'a fait résoudre un mystère qui restait voilé pour moi, au moment où je lui demandais le plus instamment de me le découvrir. C'est toi qu'il a choisi; sois béni: je ne m'expliquais pas comment je pourrais donner au monde musulman le témoignage de ma foi dans la grande mission de son apôtre, et je songeais à cette immense couronne dont Eugène a paré la tête de saint Pierre mourant. Je ne me l'expliquais pas, parce que je ne voyais qu'un seul témoignage, la circoncision, et que ce témoignage me semblait être purement charnel, purement imitatif du passé, et qu'il ne m'apparaissait pas comme devant être, *en moi,* un signe de la prêtrise future, prêtrise vivante, à laquelle la méditation d'une pieuse prière, aussi bien qu'un signe quelconque gravé sur la chair, ne suffiraient pas pour justifier sa mission, mais qui prend sa force et son nom, sa puissance et son droit dans l'amour des êtres qu'elle inspire. J'étais tourmenté de cette impuissance ; je cherchais Eugène, mais : *Le Seigneur avait entendu le cri de mon affection* (Gen., ch. XVI, 11), et voici mon Ismayl qui ne sera point un homme *fier et sauvage, mais qui lèvera ses mains vers tous, et tous lèveront leurs mains vers lui, il dressera ses pavillons sous le yeux de ses frères* (Id., v. 12), et le peuple que Dieu lui a promis, conduit par ses douze princes, écoutera sa voix, et tous en chœur béniront son père.

Cher enfant, tu me demandes conseil sur ton avenir prochain, mais tu viens de montrer que pour une résolution grande, en ce moment, tu savais la prendre sans ordre de ton père ; je sais bien que tu termines la demande ainsi : Ce sera Vous ou la France ; et alors il faut bien que je réponde à ces mots : Moi ou la France ; mais qui suis-je et que puis-je pour te dire : Viens à moi, vas à la France ? Ton *rocher* a été si souvent battu par la tempête que ses flancs fracassés par les flots qui les frappent, sont à pic, déchirés, âpres, inabordables, et son sommet, que rasent les hautes vagues, est lisse et glissant comme une glace. Ton *palmier gigantesque* n'a plus de rosée sur ses feuilles jaunissantes, elle est tombée en larmes sur les ronces de la solitude. Dieu t'envoie-t-il pour me tenter, comme il voulut tenter Abraham? Veut-il voir si j'aurai la force, non de sacrifier mon enfant, mais de le repousser et de refuser ses caresses quand il me les offres si douces et si tendres? Loin de moi tu ne sais pas prier notre Dieu, me dis-tu, et près de moi tu crois trouver la prière; mais pour qui veux-tu prier, et que veux-tu de ton Dieu? N'est-ce pas son apôtre que tu lui demandes, n'est-ce pas pour son Christ que tu veux prier? Son apôtre, son Christ, ne doit donc ni te dicter *ta* prière, ni l'entendre le premier; ce sont d'autres oreilles qui doivent l'entendre, d'autres bouches qui doivent la répéter, d'autres bras qui peuvent la rendre efficace. Va donc, va donc vers la France, Satan qui viens me tenter dans mes ruines! Va, j'ai là-bas un autre enfant qui t'appelle, et ne viens-tu pas toi-même de lui faire le signe de reconnaissance qu'il t'avait indiqué en quittant la France? Va vers mon Charles (Duveyrier), ami d'Eugène, engendré d'Eugène et successeur d'Eugène; va vers lui et baise-le pour moi sur ses deux grands yeux de poëte; va, j'ai aussi là mon David. A vous de faire la prière et de la chanter dans votre église, à la face d'un grand peuple; va, il est temps.

Et moi, si Dieu veut, je prierai pour vous tous sur le Calvaire, sur le Sinaï et sur le mont Pharan.

P. E.

CCXII[e] LETTRE

A ARLÈS

Barrage du Nil, 25 octobre 1835.

Mon cher Arlès, c'est une douloureuse circonstance qui me fait prendre la plume; encore une mort au milieu de nous, et celle-là c'est à moi à l'annoncer à vous et à Decaen. Notre bon et brave Hoart est mort : Nous étions près de lui, Bruneau et moi, au barrage, où je l'avais reconduit; nous espérions là, pour lui, une facile convalescence. Peut-être ignoriez-vous même qu'il ait été malade, car il n'avait pas voulu qu'on inquiétât ses amis de France en l'écrivant, et pourtant depuis juillet il avait beaucoup souffert et son corps était épuisé. Après ses immenses et inconcevables travaux, au moment où il lui aurait fallu de l'exercice, des distractions, la quarantaine s'ouvrit comme une prison, et il y fut renfermé près de quatre mois; lorsqu'elle cessa, il prit une dyssenterie qui n'eut pas d'abord un caractère alarmant, mais qui le força bientôt à aller au Caire, dans les mains de Lacheze; peu à peu la maladie prit une tournure plus grave, tous les organes furent successivement attaqués, et le corps déjà usé de ce pauvre Hoart était ainsi miné de toutes parts. Des abcès et une paralysie sur la joue gauche l'avaient horriblement défiguré, ses forces épuisées le quittaient chaque jour, partout au milieu de crises nerveuses très-douloureuses. Cependant lorsque je revins de Thèbes, je le trouvai dans une situation meilleure en apparence. Il désirait ardemment retourner au barrage; c'était aussi l'avis de son médecin, qui nous donnait d'ailleurs peu d'espoir, nous disant que s'il s'en tirait ce ne serait que pour une retraite forcée par la perte d'un ou plusieurs sens. Enfin nous partîmes; les premiers jours furent assez bons, toutefois les forces et l'appétit ne revenaient pas, un jour, une crise nerveuse, assez légère cependant, l'abattit; le lendemain il en eut une seconde qui l'écrasa, puis un jour d'agonie, calme, sans douleur, au milieu d'un semi-délire, enfin épuisement complet et la mort (le 12 octobre à deux heures et demie après midi).

Dites à Decaen que la veille encore nous parlions avec lui d'Arboras, de la bonne famille de travailleurs qui nous aime tant, de Mme Duval, dont il se plaignait un peu de ne recevoir aucune nouvelle; de Mme Saint-Didier et de notre bonne soirée de 1833, où elle nous chantait si gracieusement la jolie prière de David.

Les premiers mots de Bruneau furent : « Puisque Hoart est mort, l'apostolat est fini; car c'est lui parmi nous tous, enfants du père, qui en a parcouru toutes les phases avec le plus d'entraînement et dans toute leur étendue. » Ce mot, qui résume la gloire de ce vigoureux apôtre du travail, est en même temps l'expression vraie du fait accompli, car en ce moment, tous les hommes qui se sont dit ou se disent encore mes fils, sont rentrés dans le monde, revenant vers lui, de l'avenir où je les avais conduits, afin de l'y mieux entraîner. Moi seul, selon la prophétie de d'Eichthal à Ménilmontant, je reste en dehors de ce monde, ne pouvant m'imposer à lui sans qu'il m'appelle, car je suis comme ces hommes marqués au fer chaud du bourreau; seulement ma marque n'est pas indélébile; mais moi, je ne saurais l'effacer, je ne *dois* pas l'effacer; il faut bien un signe visible du monde invisible, un symbole de l'avenir qui vient à la vie; mais je confesse très-naïvement que j'attends avec une immense impatience qu'on vienne frotter cette marque d'une main amie, et que le vieux monde ainsi l'efface ou me la conserve, en la bénissant de son amour.

Mon cher Arlès, cette année a été bien rude pour nous, mais elle est aussi bien dure pour tous, car les affaires humaines sont en ce moment dans un gâchis bien menaçant; je dis bien menaçant, et pourtant je voudrais voir aussi clairement mon prochain avenir qu'il me semble voir clairement l'avenir prochain du monde, parce que celui-là me paraît plus beau que l'état actuel ne semblerait l'annoncer.

Vous demandiez dans une de vos lettres à

Bruneau mon opinion sur la politique ; alors je n'ai pas répondu, parce que je n'avais réellement aucune opinion sur les affaires du moment. Aujourd'hui il me semble voir un peu plus clair dans ce chaos. Je vois arriver tous les partis aux grosses questions d'ordre social d'une manière accélérée qui réjouit. Depuis quelques années, les idées philosophiques et les faits économiques ont marché considérablement vers l'avenir ; aujourd'hui nous approchons du moment où les idées morales, politiques et religieuses vont pouvoir marcher aussi. Quel que soit le résultat de cette victoire, d'une hardiesse aussi impudente qu'imprudente, que vient de remporter le ministère (j'entends le résultat pour les victorieux), il est certain que nous sommes en *contre-révolution*, et par conséquent arrivés à une nouvelle oscillation de la balance politique au moyen de laquelle la France marche de l'ancien régime au nouveau. Quel sera le nombre de ces oscillations ? Je n'en sais rien, mais elles sont nécessaires, inévitables, et par conséquent légitiment très-bien les vues des doctrinaires, qui n'ont d'autre tort que de voir, dans ce fait, éminemment transitoire, un fait éternel. Être en contre-révolution, cela veut dire être gouverné par un pouvoir qui veut un ordre, une morale, une religion, sans savoir quel ordre, quelle morale, quelle religion, mais enfin qui veut de *tout cela*, parce que son instinct, et aussi une vue assez profonde quoique incomplète de l'histoire, lui montre et lui fait sentir que jamais pouvoir n'a duré et ne durera sans religion, sans morale, sans ordre. D'un autre côté, être en contre-révolution, cela veut dire qu'il y a une masse d'individus qui ne veulent ni de l'ordre, ni de la morale, ni de la religion qu'on veut lui imposer, parce que leur instinct aussi, et l'étude de l'histoire, leur montrent que ce sont la religion, la morale et l'ordre du passé auxquels on veut les soumettre. Or il est toujours résulté, de toutes les oscillations de ce genre, dont quelques-unes ont eu même plusieurs phases successives, qu'à chacune d'elles l'ordre, la morale et la religion du passé se sont d'autant plus modifiés et rapprochés de l'avenir; si bien que les Bourbons, quoi qu'on en ait pu dire, étaient plus près que Napoléon de l'ordre, de la religion et de la morale de l'avenir (et un seul fait suffit pour le prouver, ils ont toujours été en paix, Napoléon toujours en guerre), et qu'aujourd'hui, soit par Louis-Philippe, soit par Henri V, soit par tout autre fait *contre-révolutionnaire*, nous marcherons encore vers l'avenir sous ces trois rapports, de même que par les faits *révolutionnaires* successifs nous nous sommes de plus en plus dépouillés de ce qui doit mourir dans la morale, la religion et l'ordre du passé. Je sais bien que cet optimisme a un caractère d'absolu qui le rend niais si on le pousse dans toutes ses conséquences ; aussi ne le fais-je pas, je ne prends les choses qu'en masse ; mais il est un autre reproche à faire à cet optimisme, c'est son fatalisme qui empêcherait d'attacher grande importance à la prévision de l'avenir, puisque, quel que soit l'événement, l'humanité en profiterait; aussi ne me bornerai-je pas à ce fantalisme, et en vous disant ce que je désire, je vais exprimer ce que je crois devoir arriver; ce sera contribuer moi-même à l'enfantement de l'avenir.

J'ai dit que les idées philosophiques et les faits économiques avaient fait des pas énormes depuis vingt ans, et qu'il s'agissait aujourd'hui de faire les mêmes pas dans l'ordre moral, religieux et politique ; j'ai ajouté que nous touchions au moment où les grandes questions, dans cette triple direction, allaient pouvoir s'agiter; et j'ai dit encore plus loin que, soit sous Louis-Philippe, soit sous Henri V, soit sous tout autre gouvernement *contre-révolutionnaire*, il en serait ainsi. Je me réjouis donc de ce que la haute intelligence du Roi et de ses ministres a profité d'une circonstance qui leur a permis de manifester nettement la volonté de *gouverner*, parce que, s'ils veulent *gouverner*, ce qui les occupera inévitablement le plus ce sera la *hiérarchie sociale*, sous le rapport politique; la *famille*, sous le rapport moral; l'*humanité*, sous le rapport religieux. Mais maintenant pourront-ils réaliser leur prétention? D'autres viendront-ils à leur place pour continuer cette tentative; ou enfin cet effort sera-t-il le signal et la cause d'un effort contraire qui nous replongera encore une fois dans la voie révolutionnaire? En d'autres termes, est-ce Louis-Philippe, est-ce Henri V, est-ce la République que nous allons voir sur la scène?

J'ai dit que la conduite actuelle du gouvernement me paraissait d'une hardiesse aussi impudente qu'imprudente. Je ne crois pas avoir besoin de justifier la première qualification;

mais la seconde semblerait devoir résoudre à l'avance la dernière question que je viens de poser, ou du moins exclure le nom de Louis-Philippe de la triple hypothèse que je viens de faire. Telle n'est pas mon intention. L'imprudence me paraît immense, prodigieuse, mais je ne la crois pas irréparable.

Mais d'abord pour rendre plus claire la question qui renferme trois inconnues, je vais commencer par en éliminer une, la République, et en voici la raison. Après 1830, je regarde comme absurde de croire, non pas à un acte puissant et même victorieux du sentiment révolutionnaire, mais à son règne de plus d'un jour ou deux, et je m'appuierai même pour le prouver sur ce que les théories républicaines sont aujourd'hui trop arrêtées et trop généralement connues pour permettre le premier acte d'un gouvernement républicain, l'élection du président, acte qui exigerait un assez long temps, pendant lequel la société aurait déjà été envahie par un pouvoir quelconque, parce qu'elle ne peut plus vivre maintenant plus de trois jours sans gouvernement. Les républicains eux-mêmes n'espèrent point que les pouvoirs légalement constitués puissent se convertir peu à peu, et renverser eux-mêmes le pouvoir actuel, comme cela put se faire par les États généraux et les assemblées, à la première Révolution. Quand les plus raisonnables et les plus adroits parlent de s'en rapporter aux progrès de la raison, et de ne compter que sur des moyens pacifiques, sur la propagation de leurs principes, ils n'entendent pas du tout convertir *l'aristocratie*, mais bien les masses, prétendant, avec raison d'ailleurs, que si les masses avaient une volonté commune bien unitaire, l'aristocratie serait obligée, même sans violence populaire, de marcher dans les voies voulues par le peuple. Mais dans ces termes, le problème est évidemment insoluble, puisque sa solution supposerait que ce qu'on nomme l'aristocratie est une race de parias, plus incapable que le prolétaire de vouloir et de comprendre la destinée humanitaire; c'est tout bonnement faire du prolétaire l'aristocrate en intelligence et en moralité; cela rappelle ces enfants qui disputent: lorsque l'un dit à l'autre une injure, celui-ci la repète, en disant : C'est toi qui es un...

Éliminons donc la République; toutefois rappelons-nous qu'elle pourrait avoir un succès complet, mais non durable, à l'égard d'un pouvoir qui la laisserait faire, mais aussi à l'égard d'un pouvoir qui ne saurait employer envers elle qu'un système d'*intimidation* et surtout de *terreur* (l'intimidation y conduit, elle est elle-même une transformation du mot résistance).

Ceci m'amène tout naturellement à examiner comment le gouvernement actuel peut continuer l'œuvre qu'il a eu la hardiesse d'entreprendre, et j'aurai par là résolu la question entre lui et Henri V.

Si maintenant le gouvernement n'a pas la sagesse de donner des missions éloignées et de très-faible importance ou de mettre à une retraite bien rétribuée, mais enfin à la retraite, des hommes comme MM. Bugeaud, Viennet, Jaubert, Jacques Lefèvre et compagnie, et surtout M. Persil, il est perdu.

Si, au lieu de vouloir intimider seulement la République, il ne cherche pas à faire quelque entreprise glorieuse, aventureuse, utile, productive d'argent et de gloire pour ceux qui la feront, qui remplace l'animation que donnait la guerre ; s'il ne joint pas à l'intimidation l'attraction ; si dans la famille royale ou dans le ministère il n'y a pas un homme à cœur assez large et à esprit assez habile pour sympathiser avec ce qu'il y a de grand et de généreux dans les manières du pouvoir et *pour le dire hautement;* si l'on continue sur le ton méprisant, irritant qu'on emploie lorsqu'il s'agit d'adversaires politiques; enfin, si l'on veut être Napoléon sans guerre, sans républicains au Sénat, sans ultras dans les antichambres, sans rien qui remplace ces trois conditions de pouvoir du plus vigoureux gouvernement des temps modernes, on tombera.

Mais ce n'est pas tout ; je viens d'avoir surtout en vue la République : il y a un autre adversaire, et celui-là est beaucoup plus redoutable, quoique ce soit un enfant, et la République elle-même ne serait qu'une aide pour lui. Quoique les partisans de la *légitimité* paraissent beaucoup moins nombreux que ceux de MM. Carrel, Cavaignac, Bastide, etc., cependant comme tout ce qui est partisan du pouvoir actuel ne tient à lui que parce qu'il est pouvoir, il est évident que tous se rattacheraient à Henri V, si quelque événement mettait en discussion le trône, et que ce serait son nom qui viendrait dans le plus de bouches, même dans le cas où les républicains renverseraient le gouvernement actuel.

Ici je confesse que je suis plus embarrassé pour concevoir les mesures à prendre afin d'empêcher cette nouvelle oscillation entre le *fait* et le *droit*, et la raison en est simple : c'est qu'il y a là tout le passé et tout l'avenir en présence; j'entends par là qu'on ne pourra instituer un droit social nouveau, que lorsque le droit ancien aura été définitivement jugé ; or, comme je l'écrivais dernièrement à H. Heine, Dieu n'a pas dit son dernier mot sur le mode à employer pour substituer un droit nouveau au droit ancien. On l'a dit avec raison, la légitimité royale embrasse toutes les légitimités, et la propriété tremble quand le trône chancelle; et en effet, ce sont les propriétaires qui sont les défenseurs-nés de tous les trônes, quels qu'ils soient, et ils préfèrent avant tout les trônes légitimes, ils sont éminemment dynastiques. Il en résulte que je ne conçois l'impossibilité du retour des vieux Bourbons qu'à deux conditions : la première c'est qu'ils mourraient tous, la seconde c'est que leur remplaçant marcherait tellement dans la voie de l'avenir qu'une révolution serait impossible, malgré leur existence. Dans tous les cas, je ne vois pas, jusqu'à ce qu'Henri V ait âge d'homme, qu'il y ait beaucoup à craindre ou à désirer qu'il prenne part au mouvement social; mais cet âge approche, et ce serait dès aujourd'hui qu'il faudrait commencer à élever les barrières que, plus tard, il ne pourrait franchir.

Si l'on ne se hâte pas de réformer les masses par une éducation qui leur serait donnée sous toutes les formes, au théâtre comme à l'école, sur la place publique comme dans les journaux et les livres, et qui détruise les préjugés anti-religieux que leur a transmis le XVIIIe siècle; si on ne substitue pas au fade sentiment de la *tolérance,* vrai sentiment de castrat, un sentiment de juste admiration et de noble enthousiasme pour toutes les institutions religieuses qui règnent sur le monde et pour les hommes qui les ont créées de leurs travaux, de leur sang, de leur vie; si on ne livre pas une guerre puissante et à mort aux prétentions athées des malheureux savants, mécaniciens, anatomistes, brutistes, comme disait Saint-Simon, dont l'opinion exerce encore tant d'empire sur le peuple, si l'on ne fait pas enfin sous ce rapport *la critique de la criti-*

que (comme disait M. de Rémusat dans l'ancien *Globe*) avec une verve semblable à celle qu'on a mise à la simple critique, Louis-Philippe devra craindre les prêtres de Henri V, car le meilleur moyen de faire fuir les Jésuites, c'est de rendre une justice éclairée et glorieuse au Christ, c'est de lui vouer un culte sincère d'admiration et de reconnaissance, c'est d'être vraiment religieux.

Mais pour Dieu, qu'on ne se refasse ni catholique ni chrétien; on y mourrait bien vite; j'aimerais presque mieux qu'on se fît mahométan; pour l'occident ce serait un progrès. Je crains que ceci ne soit pas clair; mais réfléchissez à ce que je dis du sentiment de la tolérance, et je crois que vous comprendrez bien cette transformation éminemment religieuse et pourtant vague qu'il faut lui donner, transformation qui est déjà prêchée par des hommes tels que Michelet, Quinet, Lerminier, J. Ampère. En d'autres termes, conservons précieusement le dogme critique, *pas de religion de l'État;* mais faisons plus que de *tolérer* ceux qui croient en Dieu, et forçons les *savants* à dire POURQUOI ils n'y croient pas, puisqu'ils prétendent baser leur incrédulité sur leur science.

Le but à accomplir envers les masses n'est pas autre chose que celui-ci ; leur *prouver* qu'il n'y a pas de science qui puisse *prouver* que Dieu n'existe pas ; et pour cela pousser les savants jusqu'à leurs derniers retranchements, les mettre *a quia;* le reste viendra tout seul, car Dieu est dans le peuple, et je dirais presque (qu'IL me le pardonne) qu'IL nose pas s'y montrer.

Voilà donc pour l'ordre religieux ; pour l'ordre politique une mission semblable doit être accomplie ; il faut faire rougir le peuple de ce qu'on lui a fait perdre toute reconnaissance, tout enthousiasme, toute obéissance pour l'homme fort et puissant. Il faut réhabiliter tant de réputations et d'institutions salies par la bave de Voltaire et par les ordures de ses sales successeurs, mais bien entendu pour enterrer noblement ces réputations et ces institutions, non pour les ressusciter au XIXe siècle. Ne nous faisons ni évêques, ni barons ; ne reconstituons ni les couvents ni les jurandes, n'appelons pas à grands cris un Mahomet pour faire le bonheur du monde ; mais ne le nommons pas un imposteur ; inclinons-nous, lorsqu'on prononce son nom, plus bas que lorsque l'on prononce celui de Newton ou que lorsque nous saluons M. Arago.

Il faudrait être aveugle pour ne pas voir que ces réhabilitations religieuses et politiques sont déjà bien avancées, mais il faudrait être plus aveugle encore pour ne pas en solliciter la propagation avec zèle et avec toute la puissance que donne un pouvoir qui veut *gouverner*, et non plus se faire traîner à la remorque, par les avocats et batailleurs de parole.

Dans l'ordre moral, il y a évidemment beaucoup plus à faire ; nous sommes très-embourbés sous ce rapport ; mais ici je ne sens rien à dire, par une foule de raisons, l'une des plus fortes, c'est que j'ai été condamné pour immoralité ; toutefois, je crois que tout en supprimant les gravures, écrits et pièces de théâtre d'un caractère éminemment licencieux, il serait bon de ne pas laisser notre bon peuple de France, si gai et qui aime tant le plaisir, notre peuple qui se lie si bien avec tous les peuples, qui se fait si bien à leurs mœurs tout en infiltrant les siennes, de ne pas le laisser, dis-je, sous le poids des anathèmes de la morale chrétienne ; lorsqu'il se permettra de regarder avec plaisir le voile qui couvre l'odalisque d'Orient, ou le foulard jaune de la négresse des colonies.

Je crois donc que ce ne sera qu'en rendant hautement justice à ce qu'il y a de beau et de grand dans les hommes qui représentent le passé qu'on pourra parvenir à les attirer à soi, mais il faut le dire hautement, et ne pas les flatter en cachette et crier contre eux en public.

Ces règles de conduite peuvent paraître très-vagues, très-théoriques quand on ne les formule pas d'une manière plus pratique que je ne viens de le faire ; mais c'est qu'on ne voit réellement bien la pratique que lorsqu'on tient, comme disait Michel, la queue de la poêle ; d'ailleurs la cuisinière bourgeoise a fait faire souvent de fort bons mets, quoique beaucoup de cuisiniers en la consultant n'aient jamais pu faire que de la ratatouille et se soient même brûlé les doigts. Aujourd'hui nos cuisiniers politiques sont fort habiles, ils viennent d'enfoncer la marmite représentative et je les en félicite, parce qu'on n'y faisait que de maigres potages, mais ils l'ont remplacée par la marmite, non autoclave, mais autocrate : gare à l'explosion !

J'ai besoin cependant d'aller un peu plus loin

dans la pratique, mais cela me force à sortir de France, car jusqu'ici je n'ai considéré qu'elle, pour ainsi dire, indépendamment de l'influence réciproque qui s'exerce entre les autres nations et elle, et ce serait un mauvais moyen d'arriver à la solution des immenses difficultés de sa position actuelle, car le véritable remède, selon moi, pour toute société qui se ronge, c'est de chercher la vie dans sa communion avec les autres sociétés. Sans les guerres européennes de Napoléon, sans cette mission universelle qu'il donna à la France, on aurait joué à l'échafaud, jusqu'au dernier homme, il ne serait plus resté que le bourreau ; mais le bourreau s'est fait Empereur et avec ses valets il a couru le monde, et par eux nous avons tous vécu, pendant vingt ans, de gloire, et ils ont mêlé le sang de vingt peuples qui aujourd'hui sont plus près que jamais de se reconnaître comme d'une même famille.

La solution, au moins provisoire mais immédiate, de l'état maladif qui ronge la France, son remède est à Constantinople ; car c'est là que s'agitent aujourd'hui les destinées du monde. Jusqu'ici les gouvernements d'Angleterre et de France ont dû temporiser et maintenir le *statu quo*, ils l'ont fait ; mais aujourd'hui il y va de leur vie, il faut se hâter, des nations comme l'Angleterre et la France, si petites relativement à leur immense influence, ne pouvant pas vivre des vingt années sans exercer activement cette religieuse et civilisatrice influence que Dieu leur a donnée. Il en est d'elles comme de tant d'âmes élevées, généreuses, qui, ne sachant où jeter leur activité, et ne pouvant se condamner à la laisser sommeiller sur un travail vulgaire, se livrent aux désordres les plus ruineux, et dépensent leur vie de la manière la plus coupable. Mon Dieu, comment ne pas gémir, quand on voit sur le globe tant de peuples misérables et ignares et d'un autre côté des nations riches et savantes qui consacrent des armées à se consumer sur elles-mêmes! Où donc est l'enthousiasme, où donc est la gloire, où donc est l'honneur, pour la grande nation reine des mers, pour le grand peuple roi de la terre, si la grande nation se renferme dans Londres et le grand peuple dans Paris ?

Finissons-en avec la politique de Napoléon, son temps est passé ; laissons à M. Bignon et à ses amis le plaisir de croire que les barbares du Nord vont nous envahir et que Nicolas est un croquemitaine qui n'aime manger que des Français ; nous ne craignons plus Pitt et Cobourg, pourquoi donc craindrions-nous Nicolas ? Eh quoi! avec la prétention au *statu quo* de l'Orient, ne voyez-vous pas que vous laissez mûrir ainsi le fruit que vous voulez empêcher de naître, et que vous n'aurez plus tard que la honte d'avoir méconnu la volonté de la providence, et d'avoir voulu vous opposer à ses lois ? Déjà, depuis plusieurs années, il a été dit à ceux qui craignaient la venue des hordes de cosaques sur l'occident : Tournez-leur la face vers l'Orient. Dieu soit béni ! IL a entendu notre prière. N'est-ce donc rien que de voir déjà la Grèce, Alger, l'Egypte, la Syrie échapper aux mains du sultan, et celui-ci forcé de se réfugier dans l'amitié d'un peuple voisin qui, depuis qu'il a âge d'homme, rêve Constantinople et qui a été bercé par sa mère de ce grand espoir ? Constantinople, depuis qu'elle est fondée, a toujours été la capitale de César, la capitale du sabre le plus fort ; celui de Mahomet est de tous côtés ébréché, et l'épée la plus forte aujourd'hui, c'est le Czar qui la porte : lui seul est vraiment autocrate, digne succcsseur de Constantin et de Mahomet. Vous ne voulez pas qu'il y règne ? mais il y règne de fait, et Mahmoud est bien plus son vassal, je pense, que Mehemet-Ali n'est celui de Mahmoud. Qu'est-ce donc que cette lutte niaise qui croit dissimuler un fait en jettant dessus quelques papiers diplomatiques ? qu'on aborde donc directement la question avec la Russie. Vous voulez exercer, lui dirait-on, votre influence sur l'Orient, sur l'Asie mineure, sur la Perse, sur la Chine même, et pour cela vous voulez Constantinople et la mer Noire, prenez ! et maintenant à nous la Méditerrannée, depuis Gibraltar jusqu'aux Dardanelles, à nous la route du golfe Persique, à nous celle de la mer Rouge ; à vous l'Asie orientale à civiliser, à nous l'Inde et l'Afrique : et alors Londres et Paris s'agitent et fermentent ; les frais immenses que nécessiterait une guerre avec la Russie (guerre inévitable dans l'hypothèse contraire) sont employés à des expéditions civilisatrices, à des occupations militaires protectrices de travaux pacifiques ; les esprits aventureux, les têtes ardentes vont vers un soleil plus chaud, chercher de la richesse et surtout du plaisir.

Mais qu'on ne se méprenne point ici sur la forme à employer dans une pareille politique ; qu'on ne rêve pas des copies de l'absurde affaire d'Alger ; ce ne sont pas des *colonies* qu'il s'agit de former, ni des gouverneurs chrétiens à imposer à des peuples musulmans. Si la Russie faisait la sottise de détrôner le sultan (1) et de mettre un de ses généraux comme gouverneur de province sur le trône où s'est assis Constantin, sur le divan des sultans, malgré toute sa force, le général intrus serait bientôt étranglé, et tous les beaux soldats de Nicolas jetés à la mer, empoisonnés. De même si la France et l'Angleterre par suite de ce que je viens de dire, voulaient s'emparer de quelques provinces méditerranéennes, et y couronner des d'Erlon et des Clauzel, elles y mangeraient de l'argent et des hommes inutilement. Et pourtant il faut que la Russie ait ses troupes à Constantinople et dans l'Asie mineure, comme il faut que la France et l'Angleterre portent aussi les soldats partout où elles voudront porter leur main civilisatrice;

(1) Peut-être me direz-vous : Mais si la Russie veut détrôner le sultan, qui l'en empêchera ? Je réponds : Personne, et j'ajoute même, malgré ce que je dis plus loin du sort du gouverneur et des soldats russes, qu'il me paraît plus facile pour un Russe que pour un Français et même un Anglais, de gouverner les musulmans voisins d'Europe. Cependant, je regarde comme de l'intérêt de la Russie, qui a des sujets musulmans, de ne pas détrôner le chef de l'islamisme. Peut-être, plus tard, l'enverra-t-elle à Koniah, et, plus tard encore, à Bagdad, mais pas à présent.

mais qu'elles se gardent de vouloir administrer, gouverner : qu'elles *désarment* le peuple comme Ibrahim l'a fait en Syrie ; qu'elles maintiennent l'ordre et protégent les établissements des européens que leur haute influence dans le pays aura attirés ; voilà leur rôle aujourd'hui et dans l'avenir, l'autre forme est du passé.

Tout ce que je viens de vous dire sur nos relations extérieures vous paraîtra peut-être encore moins praticable, mon cher Arlès, que ce que j'écrivais auparavant sur la politique intérieure, mais je voudrais au moins que vous fussiez convaincu de la nécessité d'exécuter ce programme ou un autre analogue, si l'on veut donner un cours utile à des passions qui, dans l'état actuel de notre politique, sont cause de tant de désordres et de tant de maux. Si vous admettez ceci, considérez que la politique qui règle les relations des peuples a toujours eu jusqu'ici une base théorique ; la vieille base, dite traité de Westphalie, a été renversée par l'entrée de la Russie dans la politique européenne, et d'une autre part la nouvelle vie qu'a prise l'Amérique est encore venue la changer ; enfin aujourd'hui, l'Orient vient jouer un rôle qui doit modifier toutes les combinaisons précédentes ; et pourtant je ne vois pas que depuis cette dernière apparition on ait posé un principe de politique européenne et même universelle plus large que celui-ci : tourner les yeux de la Russie vers l'Orient. Qu'on lui tourne donc les yeux vers l'Orient, en ayant l'air de vouloir l'empêcher d'aller de ce beau côté ; qu'on l'y pousse en faisant semblant de la retenir; qu'on ait l'air d'en être fâché lorsqu'on en est content ; peut-être ces petites feintes sont-elles encore aujourd'hui obligées dans la diplomatie : aussi serais-je loin de discuter le moyen, c'est le but qu'il me paraît important d'atteindre, et je confesse encore que ceux qui sont attelés au pouvoir sont mieux placés que moi pour le choix des moyens, par la même raison qui fait que je suis mieux placé qu'eux pour voir le but, n'étant pas préoccupé comme eux par toutes les tracasseries quotidiennes qui les forcent à revenir toujours à la pratique immédiate.

Je serais bien étonné si d'ici à peu de temps il ne se passait pas dans ces pays d'Orient quelques événements, très-probables, qu'il est inutile d'indiquer ici, et qui justifieront pleinement à vos yeux les idées que je viens d'émettre, que la France et l'Angleterre soient prêtes à saisir les occasions de donner à la partie remuante de leur population un écoulement glorieux et fructueux. C'est tout ce que je désire, parce qu'alors le progrès intérieur pourra s'effectuer plus rapidement et sans secousses. Mettez donc de côté le moyen que je propose, si vous en avez un meilleur; et si vous n'en avez pas, cherchez-en vite un, car le temps presse, non-seulement pour la France et l'Angleterre, mais pour tous les peuples, et principalement pour les Turcs et les Arabes.

J'ai dit ce que je croyais indispensable de faire pour que le gouvernement actuel pût annuler les efforts destructifs des républicains, et pour qu'il pût aussi éviter d'être remplacé immédiatement par le représentant du droit ancien; mais je sens que sous ce dernier rapport, il me reste plusieurs choses à dire et que je n'ai pas directement traité la question.

Et d'abord je commence par vous dire que je regarderais comme une grande preuve du progrès humanitaire l'oscillation qui donnerait au pouvoir le caractère du *droit*, ce qui aurait lieu, soit par la mort des Bourbons, soit par leur retour, parce que je ne craindrais en aucune façon les violences ou les ruses de ce *droit* ancien, et que je suis certain qu'on aurait alors, d'un pareil pouvoir, plus de vraie liberté qu'on n'en a jamais eu. Il y aurait certainement des écueils sur la route de Louis-Philippe légitimé par la mort des Bourbons, ou sur celle d'Henri V régnant, mais ces écueils seraient moins dangereux que ceux qui entourent le pouvoir, en ce moment où l'ancien droit n'est pas uni au fait dans la personne du roi régnant. En conséquence de ceci j'admets donc comme un événement d'une probabilité assez prochaine, soit la mort d'Henri V, soit son retour en France.

S'il meurt, la question de politique intérieure la plus importante deviendra celle de la dynastie, celle de l'*hérédité* ; et alors, selon ce que Dieu a fait le Duc d'Orléans, grand homme ou nain, on se rapprochera plus ou moins vite de la conception du *Droit* nouveau. S'il revient en France, ce ne pourrait être que par deux moyens ; ou Louis-Philippe et sa famille en seraient violemment expulsés, ou Louis-Philippe jouerait le rôle que quelques personnes ont cru que jouerait Napoléon, celui de Monk. Cette dernière hypothèse, que je n'ai pas examinée plus haut, ne me paraît pourtant pas tout à fait improbable. L'homme qui s'est toujours présenté comme ayant été *forcé* de prendre le trône, qui s'y est fait porter, traîner, et qui ne s'y est assis qu'en protestant contre cette violence que son dévouement à la patrie imposait à sa volonté ; Cet homme qui, *instinctivement* je le crois, s'est ménagé ainsi une *excuse*, doit toujours porter en lui le sentiment de la possibilité d'une semblable *restitution*. Si vous joignez à cela les soucis infinis, les légitimes terreurs d'une nombreuse famille qu'on aime, les dégoûts dont on est abreuvé par un peuple pour lequel on a la conscience qu'on se sacrifie, et enfin ce je ne sais quoi de la vieille éducation royale qui laisse toujours planer sur une vie pareille le remords de la félonie, vous ne repousserez pas cette hypothèse ; et je suis sûr que Louis-Philippe, s'il lui prenait pareille envie, trouverait bien des personnes près de lui qui donneraient la main à cette disposition : MM Pasquier, Guizot, Molé, de Broglie, Decazes, ne seraient pas les derniers et le vieux et *immortel* Talleyrand semble n'attendre qu'un pareil événement pour quitter le monde avec M. Royer-Collard.

La première hypothèse, celle de l'expulsion violente de Louis-Philippe et de sa famille, me paraît moins probable, malgré toutes les colères et les haines que les derniers actes de son gouvernement doivent provoquer.

Je pourrais donc résumer ainsi ma pensée sur la situation actuelle du gouvernement : ou il faut qu'il fasse tout ce que Henri V ferait (vous verrez plus tard que je n'entends pas par ces mots : *tout ce que ferait Henri V*, une indentité de travaux, mais une complète analogie dans deux ordres différents et inverses) s'il revenait sur le trône, c'est la première partie de ma lettre ; ou bien il faut qu'il cède la place à Henri V, c'est la seconde et rappelez-vous que j'ai dit : Avec Henri V on aurait plus de vraie liberté qu'on n'en a jamais eu, précisément parce que le pouvoir aurait plus de sentiment *religieux*, plus de sentiment de *hiérarchie* sociale, plus de sentiment *moral*. Si le gouvernement actuel ne se sent pas assez de courage, et je dirai encore *d'impudence* pour faire une telle *contre-marche* ou contre révolution, il faut qu'il cède la place ou bien on la lui prendra.

Vous savez qu'il ne faut pas toujours prendre à la lettre les formes que les grands poëtes donnent à leurs prophéties, mais qu'il faut écouter avec soin le Dieu qui s'agite dans leur sein.

Je fais donc peu de cas des espérances *républicaines* de Chateaubriand, Lamennais, Ballanche, et de Sainte-Beuve, résumé actuel de cette grande trinité, parce que je sais ce qu'il y a au fond du cœur de ces trois grandes vies ; elles ne sont pas nées d'hier, nous les connaissons par cœur, et nous savons bien que religion, morale, hiérarchie sont leurs muses ; tous trois ont gagné depuis quelques années une grande puissance de sympathie pour les immenses douleurs du peuple, eux qui avaient réservé jusque-là toute la poésie de leur âme pour les grandes infortunes royales et papales, et qui n'avaient chanté que pour le trône et l'autel ; et alors, comme de vrais poëtes, c'est leur dernière passion, leur dernier amour qui colore toute leur pensée.

De même quand je prends la trinité semblable et plus jeune de Sainte-Beuve, Reynaud et Leroux, je ne crois pas aux *formes* que me prophétisent leurs chaudes imaginations, mais je sens le Dieu qui vit en eux, et je suis certain que l'humanité marche vers une ère de liberté, de vérité, de probité.

Toujours est-il que le gouvernement qui méprise l'art et qui a contre lui les voix de Lamartine, de Berryer, de Chateaubriand, de Lamennais, de Ballanche, de Béranger, de Sainte-Beuve, Reynaud, Leroux, Lerminier, Hugo, Dumas, doit mourir d'une maladie très-grave, l'atrophie du cœur ; mais ce ne sont ni des pensions ni des places qui vous attachent de tels hommes et qui les font chanter ; il leur faut de grandes œuvres à célébrer et une grande gloire à acquérir ; et comme aujourd'hui l'immense majorité des poëtes et surtout des plus puissants sont principalement préoccupés de voir améliorer le sort moral, intellectuel et physique du peuple, c'est dans cette direction que chercherait à marcher un pouvoir qui voudrait se concilier leur amour et leur puissance, et il ferait ainsi facilement disparaître leur rêve de républicanisme, car il leur donnerait la réalité qu'ils désirent.

Or, cette route me paraît aujourd'hui très facile à suivre pour Louis-Philippe, et j'affirme que ce serait très-certainement celle que suivrait Henri V ; et d'abord, pour Louis-Philippe, puisque heureusement il a toujours voulu *gouverner* et qu'il a obtenu une immense victoire sur les habitudes tracassières qu'engendre le régime parlementaire, en faisant donner à son gouvernement les armes les plus puissantes pour paralyser l'opposition, il va être en mesure plus que jamais d'agir selon *sa volonté*. Eh bien, je crois qu'il n'y a que les plus absurdes républicains qui ignorent la volonté réelle de Louis-Philippe comme gouvernant, c'est-à-dire qui le considèrent comme un éteignoir et un ignorant, et le regardent comme un chaud défenseur des institutions du passé. Henri IV a parlé de la poule au pot pour le peuple, mais c'était vraiment Sully qui était l'homme à la poule au pot et non Henri ; Louis-Philippe me paraît être éminemment Sully sous ce rapport, et je suis sûr qu'il rêve beaucoup à la famille du bourgeois et à celle de l'ouvrier, quand il règle les comptes de sa propre famille, ce qui doit lui arriver souvent. C'est donc à l'amélioration *physique* du sort du peuple que je le crois très-propre à travailler; je lui en crois *la volonté*, et je me réjouis de ce que par sa fermeté à la revue de juillet et pour la hardiesse de son ministère, il a acquis le droit et le pouvoir d'y travailler presque selon son bon plaisir. Quant au bon plaisir d'Henri V que je ne connais pas personnellement, mais dont je juge la conduite probable par les vertus que représente son parti, comme je viens de juger

Louis-Philippe par les vertus qu'il possède et que possèdent aussi les plus fermes appuis du juste-milieu, les bourgeois ; quant au *bon plaisir* d'Henri V, dis-je, il s'exercerait d'une autre manière, mais également surtout en faveur des masses, en faveur du peuple, par deux raisons : la première, c'est qu'ils ont été chassés par le peuple, je ne sais combien de fois, et que cela finit par être, de la part du peuple, une preuve de force assez positive et respectable ; la seconde c'est que la foi politique des hommes puissants aujourd'hui est tournée de ce côté, comme elle était tournée sous Napoléon contre les trônes, et il en a abattu beaucoup, tout en établissant le sien très-haut. De même, sous Henri V, on s'occuperait beaucoup du peuple et cependant ce serait en élevant encore très-haut la royauté et tout ce qui tient au sentiment d'autorité ; ainsi on referait cette partie de l'éducation du peuple dont j'ai parlé plus haut et on s'en occuperait avec ardeur ; on détruirait ses préjugés critiques, religieux, politiques et moraux, en un mot on s'occuperait de son *instruction*, on reconstruirait les bases de son *intelligence*.

Par Louis-Philippe donc l'*industrie*, par Henri V les *doctrines* philosophiques, historiques, politiques, morales ; n'est-ce pas déjà sous Louis XVIII et Charles X, que toutes ces doctrines ont tant fait de progrès ? Et qu'on ne dise pas que ce progrès s'est accompli *malgré* les Bourbons, car ce progrès consistant surtout dans une réaction contre les doctrines du XVIIIe siècle, réaction qui a délivré tous les bons esprits de Voltaire et de Rousseau, *malgré* Touquet et le *Constitutionnel.*

Plus tard, sur cette double base *matérielle* et *spirituelle*, la MORALE viendra.

Louis-Philippe a-t-il déjà assez avancé sa tâche *industrielle* en France, pour qu'il soit tenu de revenir aux *doctrines ?* je ne le crois pas encore, mais cela avance.

Vous le voyez, c'est toujours l'oscillation entre le *fait* et le *droit*, l'*esprit* et la *matière*. Quand les Bourbons, méconnaissant leur mission, ont voulu tuer l'esprit dans la presse, on les a mis à la porte ; l'élaboration spirituelle faite sous leur règne était suffisante, leur temps était fini. Que Louis-Philippe prenne garde de vouloir museler l'*industrie*, de porter atteinte aux intérêts *matériels*, de jouer avec le *budget* comme il vient de le faire avec la presse et le théâtre, de hausser le *cens* électoral comme il a modifié le jury, de faire de trop prompts changements au tarif des *douanes*, tout en travaillant peu à peu à cette grande œuvre, de se brouiller avec l'Angleterre, ou de faire de concert avec elle la guerre à la Russie ; qu'il presse les examens et adjudications des grands travaux publics ; qu'il économise sur le budget réellement et non par escobarderie ; qu'il ne risque pas comme M. de Villèle des conversions de rente ; qu'il diminue les impôts indirects comme Villèle dégrevait l'impôt foncier ; qu'il protége autant les institutions agricoles et pousse autant à leur création que les Bourbons protégaient les couvents et poussaient aux congrégations ; mais surtout qu'il rêve au *salaire* du peuple comme la restauration rêvait à son *instruction religieuse*, et puisqu'il peut aujourd'hui *gouverner*, qu'il ne se contente pas pour cette grande question de vie de *laisser faire* et *laisser passer* ; qu'il provoque, par toute l'influence *persuasive* dont jouit le pouvoir, les tentatives *pacifiques* que doivent faire eux-mêmes les *maîtres* pour améliorer le sort de l'*ouvrier*.

Je m'arrête ici, car je viens de toucher le point important, *le salaire*.

Ce n'est pas parce que la restauration a voulu

gouverner les intelligences et leur enseigner ses doctrines, qu'elle est tombée, c'est parce qu'elle a voulu en faire le monopole et être seule à enseigner le peuple. Comme ses doctrines étaient très-incomplètes pour l'avenir, les esprits supérieurs se sont emparé seulement de ce qu'elles contenaient de bon, puis, après cette conquête, on l'a chassée ; de même, si le gouvernement voulait *gouverner* l'industrie, en *imposant* les procédés qu'il jugerait les meilleurs, il y périrait ; mais il ne faut pas en conclure qu'il doive rester passif et *laisser faire.* Il faut que M. Say soit anathématisé par les ministres de Louis-Philippe comme l'étaient les apôtres de la liberté de conscience, d'enseignement, de doctrines, par les ministres des Bourbons, avec cette différence que je répète, qu'il ne faut pas vouloir le monopole *industriel*, si l'on ne veut pas périr comme ceux qui ont voulu le monopole des *doctrines*. En d'autres termes, pour passer du régime ancien à celui de l'avenir, c'est-à-dire pour passer d'une UNITÉ de *doctrine* et d'*activité* à une nouvelle UNITÉ de *doctrine* et d'*activité*, en un mot pour *reconstituer* la société, il a fallu sans doute consacrer un certain temps à l'ANARCHIE d'activité et de doctrines, mais il faut aujourd'hui mettre de l'ordre dans cette anarchie, et c'est la mission de qui prétend *gouverner*.

Louis-Philippe et ses ministres viennent de mettre un terme à l'anarchie *publique* des doctrines, et ils ont très-bien fait, quoique, sous ce rapport, cet acte soit purement négatif, puisqu'ils n'ont aucune croyance religieuse, morale et politique à enseigner; et c'est ainsi, parce chacun sait qu'ils n'ont aucune foi, sous ce triple rapport, que l'acte qu'ils viennent de faire ne les fera pas périr comme Charles X. Dans l'ordre *industriel*, on n'a su guère employer jusqu'ici que la baïonnette pour remédier aux désordres les plus flagrants que produit l'anarchie affreuse qui y règne. Or, ce moyen n'est pas même négatif, il est destructif; tandis que c'est un moyen positif et productif que doit employer celui qui veut *gouverner* en s'appuyant sur les *intérêts;* toutefois, pour rendre justice entière, je dois dire que plusieurs choses, telles que la loi des cent millions de M. Thiers et l'emploi des troupes aux travaux publics, sont des faits positifs dans la direction que je désire; je n'en dirai pas autant de l'enquête sur les douanes : on a porté là un esprit d'examen éminemment théorique, une timidité qui est une confession publique d'ignorance et de peur, enfin on s'est conduit en économiste et non en ministre, en homme de livres, non en homme d'état, en théoricien, non en praticien, et toutefois je n'en fais pas un crime à M. Duchâtel, précisément parce que les douanes sont des *monopoles* institués par le gouvernement, et que cette matière, le monopole, éminemment inflammable, brûle même quand on veut s'en dépêtrer.

Pour parer à l'anarchie effrayante qui règne dans la France, considérée comme vaste atelier *industriel,* le gouvernement a donc déjà senti, j'en suis convaincu, que la force n'était pas suffisante, et qu'il ne fallait pas non plus attendre l'ordre seulement de l'intérêt individuel bien entendu, comme le prétendent les économistes avec leur laissez faire, leur offre et leur demande, et toutes leurs combinaisons mécaniques. Il l'a senti, et quelques-uns de ces actes prouvent, je le répète, qu'il comprend que son influence doit s'exercer dans cette direction; j'espère donc, mais je crains cependant qu'il n'ait pas ici toute la hardiesse, toute la persévérance et même l'habileté qu'il a mise à combattre l'anarchie intellectuelle. Pour fixer ma pensée par des noms propres, j'appliquerais volontiers les trois mots que je viens de prononcer, hardiesse, persévérance et habileté, à MM. Thiers et Guizot, l'un très-hardi, l'autre très-persévérant, tous deux très-habiles; eh bien, je crois que si, à ce duo, ne vient pas se joindre un troisième nom, prenant dans le ministère une importance analogue à celle que ces deux messieurs ont eue jusqu'ici, enfin si M. Humann, car je crois que ce serait l'homme, ne sort pas de la semi-obscurité dont il a été couvert, en même temps que M. Persil serait remplacé par un homme aussi énergique que lui et pourtant plus calme, moins en dehors, plus prudent, et plus versé que lui dans la connaissance de l'état *industriel* de notre France; je vois, dis-je, que si le ministre des finances ne reçoit point du roi et des autres ministres des excitations et des encouragements même, qui lui donnent plus de confiance dans sa force, et si d'un autre côté, il n'a pas près de lui un légiste qui rêve au Code de commerce comme M. Persil rêve au Code pénal, les affaires iront lentement et mal. Que ce soit M. Humann ou M. Duchâtel, ou tout autre, je n'en sais rien, mais je crois que vous comprenez maintenant ma pensée; au reste, pour parler plus généralement, je ne conçois pas qu'après une œuvre aussi capitale que celle qui vient d'être faite par le ministère, il n'y ait pas un remaniement, sinon un renouvellement du susdit ministère; une pareille tâche suffit à une vie; Périer est mort après avoir lancé la machine, mais il n'a pu que la lancer; ceux-ci l'ont conduite et lui ont fait franchir un grand fossé qui était sur la route; maintenant il y a encore beaucoup de pierres sur la route, mais pas de fossé; c'est un bras vigoureux et de larges épaules, beaucoup plus qu'un pied leste et une main agile qu'il faut avoir. La destinée de Louis-Philippe, comme celle de tous les hommes placés haut dans l'humanité, est d'user beaucoup de vies d'hommes, il n'est pas nécessaire d'être un guerrier pour cela; qui donc en a usé plus pour sa cause que Jésus? J'ajoute que je crois M. Thiers indispensable, mais non suffisant pour l'avenir dont je parle, tandis que ce serait M. Guizot que je regarderais comme indispensable et très-suffisant si Louis-Philippe devait bientôt tomber de faute en faute, pour amener rapidement une troisième restauration, parce que M. Guizot est, et a été de tout temps *contre-révolutionnaire* par principe, *théoriquement,* tandis que M. Thiers l'est devenu par le fait et *pratique-*

ment, et qu'il faut des praticiens aujourd'hui; M. Guizot me paraît avoir très-bien calculé et combiné tous les pas qu'il a fallu faire depuis juillet 1830 pour finir par museler le monstre qui s'était déchaîné contre les Bourbons; comme professeur, comme écrivain, il a été sans contredit un très-utile propagateur, et provocateur d'*idées;* comme homme d'État, il s'est acquitté fort habilement de la répression et de la suppression des *idées;* mais c'est toujours un homme de la *pensée,* et il s'agit en ce moment d'homme d'*action*, connaissant l'*industrie,* capable de comprendre et d'admirer beaucoup plus ce que l'humanité gagne à la machine à vapeur, que ce qu'elle gagne par tous les livres que M. Guizot a écrits et traduits.

Maintenant donc je suppose Louis-Philippe et son ministère, ayant la volonté de donner une impulsion large à l'*industrie* et je me demande quelles œuvres sont à faire, quelle conduite il faut tenir.

D'abord et avant tout, substituer le plus possible dans les rouages gouvernementaux, et surtout à la Chambre des députés, qui, Dieu merci, doit être moins bavarde après ses lois sur la presse, substituer aux *avocats* des *ingénieurs,* je dis des ingénieurs et non des industriels quelconques, non-seulement parce qu'il y a dans les premiers un fond de science qu'il ne faut pas dédaigner, mais aussi parce que ce sont les hommes qui peuvent le mieux se placer au point de vue *gouvernemental* en fait d'industrie, leur fonction individuelle fixant toujours leur attention de ce côté. Appeler le plus possible aux préfectures des hommes forts en connaissances industrielles, comme on a mis en 1830 de très-jolis philosophes et littérateurs à la tête de nos départements. Prendre ces hommes plutôt parmi les *industriels* que parmi les *écrivains* économistes. Ajouter à l'éducation publique la connaissance des grands faits d'industrie et des grands hommes d'industrie, sans pour cela enseigner l'économie politique, parce que cette science ne repose encore aujourd'hui que sur les bases pourries, posées par la philosophie du XVIIIe siècle. Mettre à nos ambassades et *dans* nos ambassades des hommes au courant des relations commerciales des peuples entre eux, et préoccupés du désir d'améliorer et d'étendre ces relations. En d'autres termes, faire sentir non-seulement à tous les agents du pouvoir, mais à la société entière, que l'industrie est le grand fait *pratique* de la politique, et qu'elle est aux peuples ce que l'existence matérielle est aux individus : voilà ce qui concerne la formation et l'éducation du *personnel.*

Maintenant quels sont les *actes* à faire ? Je ne reviens pas sur le grand fait de politique extérieure, par lequel il s'agirait de trouver en Orient un débouché pour nos *brouillons*, comme on les nomme, et aussi un débouché pour nos produits; mais il est bien entendu que je regarde ce fait comme ce qui importe le plus à la tranquillité publique, à l'ordre et au progrès. J'ai parlé également de la loi des cent millions, du travail des troupes, de l'activité qu'il fallait mettre aux examens et adjudications des grands travaux d'utilité publique; j'ai dit surtout comment j'entendais la colonisation au XIXe siècle; je ne reviens donc pas sur tous ces points qui ouvrent toutefois une large carrière dans la voie où je voudrais voir marcher la France; mais j'ai aussi parlé du *salaire*, et c'est ici la question importante et délicate.

Que les tristes souvenirs de Lyon nous soient en aide!

Ce n'est pas par la force seule, ai-je dit, qu'on fait cesser l'anarchie; ce n'est pas non plus en formant des réunions d'ouvriers, comme les mutuellistes, et surtout comme les amis du peuple, qu'on parvient à améliorer le sort des ouvriers. Despotisme et révolte sont deux vilains mots, et les baïonnettes mènent à l'un comme les clubs à l'autre. Mais lorsqu'on a dans les mains des fils qui enlacent un peuple comme un réseau, qui le prennent sur tous les points du territoire, et sont liés entre eux avec un art infini, lorsqu'on a, en un mot, une *administration* puissante; lorsque, par cette administration, on peut exercer une si grande influence sur un grand nombre d'individus répandus dans tous les lieux, et qui sont rattachés au pouvoir par leur propre intérêt et aussi par le sentiment de l'ordre; lorsqu'on dispose de l'éducation publique par les écoles, et maintenant presque par les journaux et les théâtres, il ne manque pas de moyens d'obtenir par la persuasion et sans violence les sacrifices mêmes que doivent s'imposer tous les bons citoyens dans l'intérêt de l'ordre. On obtient bien aujourd'hui du garde national son sang pour éteindre les flammes de l'anarchie; mais il faut savoir ce qu'on doit demander, ce qu'on doit conseiller, ce qu'on doit faire soi-même pour servir d'exemple : on sait bien demander et exiger d'un bourgeois, d'un propriétaire, d'un chef d'industrie, ce complet sacrifice, celui de la vie, parce que la force est encore la dernière raison des rois, mais on n'a pas su encore demander à tous les bourgeois, à tous les propriétaires, à tous les chefs d'industrie, un autre sacrifice pour *prévenir* les désordres qu'ils savent si vigoureusement *réprimer;* on leur donnera bien l'exemple du courage qui punit les révoltes, mais où est l'exemple de dévouement qui les empêche?

Quelques académies, je le sais, ont proposé des prix pour l'auteur du meilleur procédé à employer afin d'améliorer les relations des maîtres et des ouvriers, je crois même que l'académie de MM. Guizot, Thiers, Cousin, et celle des sciences morales et politiques ont donné leur encouragement à cette pensée qui a un si grand avenir. Je ne sais ce que produiront ces concours, mais certainement si l'un des concurrents résout cette question d'une manière satisfaisante, j'entends d'une manière immédiatement *pratique*, MM. Thiers et Guizot feront bien de lui donner au moins une sous-préfecture. Sans plaisanterie, ce concours me paraît bon, surtout parce qu'il prouve que la question préoccupe les hommes du pouvoir, et je le crois sans peine, aussi j'en cause avec vous, mon cher Arlès, qui connaissez quelques-uns de ces messieurs ou leurs aboutissants, parce que je sens que vous devez avoir souvent, vous, industriel, à causer avec eux sur cette matière.

Aujourd'hui, le Gouvernement n'a plus peur de voir entonner par les journaux et les théâtres, dans des intentions perturbatrices, la trompette de l'émeute, le chant de guerre du prolétaire. Eh bien, il y a ici pour lui une volte habile à faire; le libéral M. Thiers est bien aujourd'hui ministre d'un roi qui enchaîne la presse, je ne vois pas pourquoi demain il ne serait pas l'avocat insinuant et adroit des hommes qu'il a fait mitrailler naguères, et leur avocat auprès de ceux dont il s'est servi pour les faire mitrailler; il a acquis, ce me semble, un assez bon droit de parler pour eux, sans passer pour leur complice. C'est là, selon moi, la solution de la question d'amnistie, car pour les pauvres malheureux qui sont dans les prisons, il n'y a qu'à continuer ce qu'on a déjà fait, et les grâcier d'autant plus vite qu'on aura de bonnes notes sur leur conduite, mais pour eux le mot d'amnistie m'a toujours paru faux et d'une sensiblerie puérile et constitutionnelle, une vraie conception Gérard et Lafitte.

Oui, c'est au gouvernement à être aujourd'hui, auprès des classes riches, éclairées, auprès des hommes de loisir, des bourgeois, l'avocat *insinuant* des classes ouvrières, malheureuses, ignares, des journaliers, des prolétaires; lui seul peut amener sans secousses une amélioration dans leur existence morale, intellectuelle et physique que réclame impérieusement le progrès général de l'humanité et que désirent toutes les âmes généreuses, que désirent même tous les hommes qui sévissent si rigoureusement contre le prolétaire révolté, car ils savent bien qu'avec plus d'aisance et d'instruction et une éducation morale meilleure, le prolétaire, vraiment anobli, ne se révolterait plus. Aujourd'hui le nombre des hommes qui pensent que le peuple doit être abruti et misérable comme le fellah arabe, pour que la société soit tranquille, ce nombre est trop petit pour qu'on en tienne compte.

Après ce que je viens de dire, vous ne me demanderez pas, je pense, de vous dire les *actes* à faire; je n'ai rien à ajouter, car ces actes sont (outre ceux que j'ai indiqués précédemment) de tous les instants, c'est la vie entière de chacun des hommes du pouvoir; c'est sa vie chez lui, dans l'intérieur de ses propriétés, comme sur son trône royal, dans son cabinet de ministre, dans son salon de préfecture, dans la salle de la mairie; c'est le sentiment qui l'anime. Sous Napoléon, tous ses bons serviteurs avaient le *sentiment* militaire, même ceux qui n'avaient jamais touché un fusil ou une épée. Que les hommes de Louis-Philippe aient le sentiment industriel, qu'il le leur imprime de toute la puissance de son intelligence si éminemment industrielle, qu'il leur inculque son système, sa volonté; qu'il règne enfin roi industriel sur le peuple qui bénit toujours Henri IV pour lui avoir promis, seulement promis, la poule au pot : qu'il la lui donne !

Saint-Simon avait rêvé que Louis XVIII pouvait être le premier roi industriel; peut-être ne s'est-il trompé que de vingt ans : puissant et divin rêve qui m'a donné la vie! salut à notre maître, Arlès, il savait l'avenir, notre ancien.

Adieu, cher ami, c'est en causant avec notre brave Hoart et avec Bruneau que j'ai ruminé cette lettre; c'est avec ces deux militaires transformés en industriels que je causais de l'avenir de notre bonne France ; et notre grand travailleur est mort à la tâche, endormi par les chants du prolétaire qu'il entendait déjà dans l'avenir, et que déjà nous chantions ensemble. Le premier de nous tous qui s'est fait prolétaire, qui a vécu de sa journée, sera un jour le patron de l'ouvrier. En mémoire de lui, mon cher Arlès, je vous embrasse, vous et Decaen, et aussi mon vieux Drut qui m'a laissé depuis si longtemps sans souvenir de lui.

P. E.

Après cette longue lettre, si intéressante au point de vue politique et social et si pleine d'enseignements qui ont conservé leur caractère d'actualité à travers plus de trente années de dissensions et de bouleversements, il nous paraît opportun de compléter ces enseignements par la publication de la lettre suivante, dans laquelle Enfantin s'attache à démontrer l'influence sociale du dogme.

CCXIII^E LETTRE

A ENCELY

Sans date.

La société catholique n'est-elle pas la réalisation du DOGME chrétien?

La société de l'avenir sera également la réalisation du DOGME saint-simonien.

Retournons cette idée : l'industrie, la guerre, les plaisirs de la chair étant foulés aux pieds par les bons croyants chrétiens, la femme était subalternisée et pour ainsi dire exclue du temple, ou du moins exclue de la prêtrise. DONC, dans le DOGME, la chair, la terre, le monde, la femme, étaient, ou le péché, ou l'influence du péché, ou la cause du péché.

Dans l'avenir, la guerre n'existe plus, il est vrai, mais l'industrie est une des faces de la société, la femme prend place dans le temple; les appétits physiques sont réhabilités, comme étant l'une des grandes manifestations de l'homme; l'estomac n'est pas plus l'esclave du cerveau qu'il n'est son maître; le dogme de physiologie sociale doit donc exprimer ce fait, et la chair ne saurait accepter la place qu'elle occupe dans le dogme chrétien.

Et, toutefois, l'industrie ne jouera pas un rôle exclusif dans la société future, comme la guerre en jouissait dans celles de l'antiquité. L'industriel ne sera pas chef suprême comme le guerrier l'était; il ne sera pas non plus en lutte avec le chef du royaume de l'esprit, car la science et l'industrie, filles d'une mère commune, l'église nouvelle, seront unies par les liens d'une égalité fraternelle.

Que si la chair était infime par rapport à l'esprit, dans un dogme religieux quelconque, la société, réalisée d'après ce dogme, aurait encore des esclaves et même des guerriers, car, cette subalternisation étant contre nature, exciterait la révolte armée de la chair contre l'esprit, et l'une voudrait avoir par la *force* ce que l'autre prétendrait lui enlever par des *arguments* ou des *traditions*. Si la chair est faible et l'esprit fort, la lutte entre la pratique et la théorie doit en résulter, la synthèse doit être préférée à l'analyse et Saint-Simon nous a appris les dangers de ces préférences. Quand on dit : la *chair* est faible et *l'esprit* fort, c'est comme si l'on avait dit : la *pratique sociale,* ou la politique *actuelle* est mauvaise. Faisons une *théorie,* et appelons à notre aide pour ce travail tous les hommes forts ; et tous les hommes forts en effet ont quitté la *pratique* du *temps passé* pour la *théorie d'avenir.* Dans les sciences, ils ont fait de la métaphysique et ont négligé la physique, et dans l'industrie, ils ont encouragé la production (*qui travail prie*), mais ils ont flétri la consommation (*abstinence, pauvreté, chasteté*) ; et, dans les sentiments, ils ont prêché l'humilité et repoussé la gloire. Ils ont enfin, comme l'a dit Saint-Simon dans le *Nouveau christianisme*, ils ont cultivé les faits généraux, les principes généraux, les intérêts généraux, et négligé les faits particuliers, les principes secondaires, les intérêts privés ; en d'autres termes, ils ont plus *rêvé* à la vie *future* qu'ils n'ont *agi* dans la vie *présente,* ils ont plus prié qu'ils n'ont travaillé à l'amélioration de l'existence morale, physique et intellectuelle du genre humain.

Je n'ai pas besoin de dire que tout ceci n'est pas une critique du catholicisme, ni d'ajouter que l'abstraction n'a pas été, à beaucoup près, poussée dans ses dernières conséquences, cela est impossible. Mais aussi, il y avait alors du sacré et du profane, et le profane était toléré dans la pratique quoique renié par le dogme chrétien.

Je viens de faire ces rapprochements du *dogme religieux* avec la *politique* qui en est la *réalisation* pour que vous vous posiez cette question : Quel sera le *dogme* d'une société dans laquelle la *théorie* n'aura pas de supériorité sur la *pratique*, la *synthèse* sur *l'analyse*, le *devoir* sur *l'intérêt*, la *combinaison* des efforts sur la *division* du travail, la *science* sur *l'industrie* , *l'homme* sur la *femme?*

Je suis convaincu que si vous avez bien réfléchi, tout ce que nous avons dit sur *l'esprit* et la *chair* vous paraîtra concorder parfaitement avec notre vie sociale, tandis que, au contraire, la subalternité de la chair à l'esprit vous semblerait incompatible avec l'avenir saint-simonien.

Sans doute, pourrez-vous dire ; mais aussi la chair sera sanctifiée , car ce sera une *œuvre* de Dieu, œuvre sainte, et il n'est pas nécessaire pour cela de la considérer comme la *manifestation* de Dieu.

Mais je réponds : La chair était une œuvre de Dieu, dans le christianisme, et même, comme l'a dit saint Augustin (*Cité de Dieu*, liv. XII, chap. 11), il n'y a que ce qui *n'est pas* qui est contraire à Dieu, puisque Dieu est la souveraine ESSENCE, puisqu'il est CELUI QUI EST. D'où vient donc que, d'un autre côté, la *chair* (œuvre de Dieu) *était le péché?* C'est que la *chair* était à jamais *en dehors de Dieu;* que rester dans ses liens, c'était rester éloigné de Dieu, que Dieu étant *esprit* et n'ayant pas de *corps,* l'homme qui faisait servir *l'esprit* à améliorer le *corps* était un PROFANE, tandis que celui qui mettait le *corps* dans l'esclavage de *l'esprit* était un SAINT. Et qu'on ne cite pas quelques préceptes qui sont en opposition avec ce *dogme fondamental* et par lesquels on semblait quelquefois mettre *l'esprit* au service du *corps,* car j'examine les faits généraux, et il est évident qu'en masse tel était l'esprit du christianisme, et que la *chair* n'était jamais élevée que par suite de transactions semblables à celles qui résultaient de la phrase célèbre : *Rendez à César ce qui est à César et à Dieu ce qui est à Dieu,* phrase qui aurait eu le même sens si Jésus avait dit : *Rendez à l'esprit ce qui est à l'esprit et à la chair ce qui est à la chair.* Or, personne ne doutera, en jugeant par Saint-Simon le christianisme, que ces deux formes d'un même précepte, provoquées par le même sentiment (l'éloignement pour les appétits physiques) auraient fait de l'humanité un grand couvent d'anachorètes pacifiques, vivant de racines, travaillant aussi peu que possible à la culture du globe. Or, le dogme de l'avenir doit être fort éloigné de produire le même résultat, et quoique nous puissions dire : *Rendez à la chair ce qui est à la chair* et *à l'esprit ce qui est à l'esprit,* on n'interprétera pas cette phrase comme eux; car il y aura autant de mérite dans l'accomplissement de la première partie du précepte que dans celui de la deuxième. Mais pour cela que faut-il? que Dieu ne soit pas *esprit* seulement, mais qu'il aït un *corps.*

Maintenant, je vais aborder directement vos objections, puisque j'ai préparé les voies en vous montrant que *l'industrie*, la *femme*, les *appétits physiques* prenant leur place dans *l'ordre religieux* de l'avenir, tandis qu'ils ne jouaient aucun rôle dans celui du moyen âge, il faut nécessairement que le *summum* du dogme catholique (Dieu est *esprit* et non pas *corps*) soit modifié, sans quoi un nouveau catholicisme se reconstruirait, *l'ordre politique* n'étant que la réalisation du *dogme religieux*.

Vous nous reprochez de tomber dans le panthéisme, dans le spinosisme, et d'être sur la voie du *matérialisme*. Vous avez raison, pourvu que, d'un autre côté, vous reconnaissiez que nous sommes sur la voie du *spiritualisme*, et que vous vous expliquiez cette *double* voie par le but *unique* vers lequel elles convergent l'une et l'autre, c'est-à-dire comme révélant à l'homme, autant qu'il lui est donné de le connaître, l'impénétrable mystère de la VIE, du SENTIMENT DE L'ÊTRE. Cette double voie menant vers un même but, nous la *remontons*, tandis que les matérialistes et les spiritualistes, parcourant une seule de ses branches et négligeant l'autre, *divergent* du but unitaire, et marchent par conséquent les uns et les autres vers l'égoïsme, descendant la route que nous montons, partant du collectisme pour arriver au moi individuel, c'est-à-dire procédant en ordre inverse du développement de l'humanité, ou, en d'autres termes, quittant le

Dieu universel pour arriver au fétichisme, à la divinité du moi.

Pour nous, au contraire, Dieu n'est ni le *sujet* ni *l'objet* ; nous ne sommes ni *anthropomorphites* ni *panthéistes*, mais nous tendons les bras aux uns et aux autres pour leur donner ce qui leur manque, pour les sortir du *rêve de l'*ABSTRACTION et leur montrer la *réalité de* L'ÊTRE.

Rappelez-vous ce que Saint-Simon a dit, sur les corps *bruts* et les corps *organisés*, sur *l'analyse* et sur la *synthèse*. Il nous a appris par là ce qu'il faut dire sur la *chair* et l'*esprit* ; il faut être à cheval sur les deux rameaux du tronc universel, il faut remonter les deux fleuves vers leur source commune, il faut donner au piston de la pompe le double mouvement pour être un véritable enfant de notre maître.

Remarquez que ce qui vous trouble, c'est que vous vous figurez que nous savons mieux ce que c'est que la *matière*, que nous ne connaissons la nature de l'*esprit*. En réalité, l'un est aussi mystérieux que l'autre ; et ce qui l'est plus encore peut-être que tous deux, c'est leur union harmonique, constituant ce que nous appelons un ÊTRE ; et ce triple mystère, qui est celui de l'homme lui-même, est aussi celui de tout être, et par conséquent de l'ÊTRE INFINI. Cette prédisposition que je combats en vous est le résultat de l'influence qu'exercent sur vous à votre insu, les prétentions de notre siècle qui croit ne pas être *crédule* parce qu'il est *matérialiste*. Il n'y a pas cependant de quoi se vanter, car la définition du *corps brut*, ne peut se donner que par une négation et la *matière* est impénétrable, comme Pascal et tant d'autres l'ont démontré.

Une chose encore vous embarrasse, c'est le mot *abstraction*, et la manière dont vous nous l'avez vu employer. Il est bon pour cela de nous expliquer ensemble sur ce mot.

La faculté d'abstraire, d'isoler, de séparer, est en même temps la preuve de la *faiblesse* de l'homme et la preuve de sa *puissance* ; elle est l'attribut de l'être, mais de l'être *fini et progressif*, car l'ÊTRE INFINI ne saurait rien isoler de lui et ne s'isolerait pas lui-même puisqu'il est par définition INFINI. Si Dieu nous apparaît comme *triple*, il est essentiellement UN, car, non-seulement nous ne pouvons pas dire que des êtres plus ou moins perfectionnés que nous ne sauraient l'envisager sous plus ou moins de trois aspects, mais encore il serait absurde de croire qu'il ait besoin, lui, être *infini*, de se diviser pour comprendre son ÈTRE. Il n'y a pour lui ni *matière* ni *esprit*, comme il n'y a pas d'*espace* ni de *temps*, car il est INFINI, ÉTERNEL ; comme il n'y a pas d'*abstraction* car il est L'ÈTRE PARFAIT.

Il y aurait absurdité pour ne pas dire blasphème à dire que Dieu éprouve des besoins *physiques* et *intellectuels*, de même que nous serions fous, si parce que la terre et l'homme nous apparaissent comme se développant, nous disions que l'ÈTRE INFINI est PERFECTIBLE. Les abstractions auxquelles l'homme se livre n'ont donc d'autre valeur, d'autre *réalité* que celle-ci : c'est qu'elles lui permettent d'étendre sans cesse le champ du fini ; et à chaque progrès qu'il fait, de se confondre de plus en plus devant l'INFINI, de l'adorer plus ardemment, ce qui peut s'exprimer politiquement de cette manière, savoir, que les progrès des *sciences* et de l'*industrie* n'ont de valeur que parce qu'ils font que l'homme *sait* et *peut* chaque jour mieux AIMER DIEU et l'HUMANITÉ.

P. E.

CCXIV^E LETTRE

A ARLÈS

Vieux Caire, 13 janvier 1836.

Je vous ai écrit ma précédente lettre, mon cher Arlès, pour ainsi dire comme si j'étais en France, m'occupant beaucoup de votre politique intérieure, et ne mêlant l'Egypte à mes rêves que comme par accident, laissant même planer assez de mystère sur un sujet que ma position depuis plus de deux ans doit pourtant m'avoir permis d'observer. Je sens que cette espèce d'omission a dû vous laisser le désir de me voir promptement reprendre la plume, et je le fais, me bornant, pour expliquer mon silence et ma réserve, à vous dire que j'attendais encore quelques faits et quelques renseignements pour parler avec plus de précision et d'étendue.

Le retour en France de M. de Cerisy; le retrait à Soliman-Pacha de l'inspection générale des écoles et son envoi en Syrie, d'ailleurs avec force caresses et compliments ; le renvoi du général Siguera ; la disgrâce complète d'Adhem-Bey, dégradé ainsi que tous ses officiers qu'il avait formés dans son arsenal et ses autres fabriques ; la démission donnée au colonel commandant l'école d'infanterie de Damiette (Français musulman qui sert ici depuis quinze ans) et la démolition complète du personnel de cette école dont tous les professeurs sont démissionnés ; les efforts que l'on a faits pour faire renvoyer le commandant Varin qui dirige l'école de cavalerie de Gizeh, efforts qui n'ont pas réussi une première fois, grâces à Soliman-Pacha, mais qui se poursuivent ; la réorganisation des écoles, où perce visiblement le désir d'écarter les Européens ; un ouvrage commandé par le Pacha, écrit sous ses yeux par ses aides de camp, où l'on affecte, à chaque page, de dire que maintenant l'Égypte peut se passer des Francs ; le renvoi de beaucoup de chefs ouvriers, anglais ou français, enfin la résolution prise, assure-t-on, de ne plus envoyer de jeunes Égyptiens faire leurs études en Europe, voilà le prélude que je mets sous vos yeux, avant d'entrer en matière.

J'ajoute que, contre l'ordinaire, tous les conseils généraux sont à Alexandrie, quoique le

Pacha soit ici depuis un mois, et quoiqu'il ait assuré qu'il partait sous peu de jours pour la Haute-Égypte. L'année dernière les consuls de France, de Russie et d'Autriche y étaient allés en même temps que lui.

Enfin notez encore que le Pacha est arrivé ici, d'Alexandrie et du Delta, dans une colère qui n'a pas décessé, qui a été autrefois près de la fureur, et qu'il a une rage d'économie qui lui a fait faire une vraie révolution dans le personnel administratif, mais révolution qui ne modifie en rien les principes, et qui engendrera selon toute apparence plus de vols et de paresse que la forme précédente, l'intrigue ayant généralement fait toutes ces mutations.

Et maintenant quelques idées plus générales.

Dans l'immense conflit de politique européenne dont Constantinople est l'objet, certes la relation de l'Égypte avec le Sultan, et d'une autre part avec les nations européennes, est un point capital. Cela est si vrai que, dans le cas où la Russie s'emparerait de Constantinople, ou même dans le cas plus probable et plus sage, où, sans en déposséder le Sultan, elle voudrait y exercer une influence tout à fait exclusive de l'influence franco-anglaise, le premier acte de la France et de l'Angleterre évidemment devrait être de s'emparer immédiatement d'Alexandrie, de Saint-Jean-d'Acre et de Smyrne et de réaliser ainsi une pensée qu'aucune forte tête politique, en Europe, n'a pu abandonner depuis Napoléon.

Or, avant d'examiner quelle est la relation de l'Égypte avec l'Europe et avec le Sultan, il serait bon de savoir d'abord ce que c'est que l'Égypte, et c'est précisément ce que paraissent ignorer parfaitement tous les hommes qui mêlent ce pays dans les rêves politiques que la presse européenne enfante. Ainsi, on s'occupe beaucoup de savoir si Méhémet-Ali doit ou ne doit pas être légitimé, s'il aime réellement les Francs, si c'est un barbare musulman ou un civilisé civilisateur; si l'on doit s'allier à lui où le sacrifier sur le Taurus à son ancien maître. En deux mots, c'est toujours la vieille politique pour les *rois*, même chez les hommes qui se prétendent le plus les amis des *peuples* et les ennemis des *tyrans*. Or, la politique pour les rois est très-légitime, à une époque où les rois représentent les peuples, autrement elle est niaise et fausse. Voyons donc le peuple, ensuite nous examinerons en quoi Méhémet-Ali a représenté, représente encore ou ne représente plus le peuple que Dieu a mis sous sa main, et ceci même ne servira que de justification à ce que l'examen du peuple nous aura fait prévoir pour son avenir.

Si la sympathie européenne s'émeut vivement aux nobles douleurs de la Pologne, l'Égypte ravagée, mangée, ruinée, et ruinée sur la plus riche terre et sous le plus beau ciel, l'Égypte mise en coupe réglée depuis des siècles par une race éminemment consommatrice, tout à fait improductrice, race pure de propriétaires; l'Égypte, tondue jusqu'au sang, elle qui, sur sa belle peau, se plaisait tant à voir une riche parure; l'Égypte conservant sous ce joug de plomb, sous cette guillotine du Courbache, sa gaieté, sa douceur et son inaltérable allah-kerim; l'Égypte, qui a déjà ouvert ses bras une fois avec amour à nos soldats incirconcis comme à des libérateurs, aurait droit, ce me semble, à un intérêt plus vif et plus éclairé que celui qu'elle excite chez nous. Je suis tenté de dire que, *malheureusement* pour elle, ses temples, ses momies, ses pyramidaux souvenirs sont encore trop vivants, parce que tous nos illustres voyageurs, très-lettrés et beaux connaisseurs, se sont arrêtés avec les Pharaons sur le Nil, sans parler aux fellahs. Passe encore pour la Grèce; que, par amour pour son *passé*, on ait voulu, aujourd'hui, lui donner sa liberté, c'est bien ; mais, quoique je ne connaisse pas les Grecs actuels, j'affirme que les Égyptiens *actuels* ont moins dégénéré de leurs Pharaons, que les Grecs de Léonidas et d'Aristide, et je me ferais leur champion, même contre le général Fabvier ou l'excellent juge Dutrône, voire contre d'Eichthal.

Ce peuple si bon, si gai, notez-le bien, est certainement de tous les peuples du monde le plus éminemment PACIFIQUE (je parle de l'*Égyptien,* non de l'Arabe bedouin qui, d'ailleurs, n'est pas si guerrier qu'on le croit; je pense que je pourrais sans mentir y joindre les Syriens de la plaine); il est vrai que c'est celui qui a le moins de raisons pour aimer la guerre; où diable irait-il chercher un meilleur pays que le sien ?

Ce peuple donc que j'aime, et ce beau jardin du monde, sont aujourd'hui dans un état de dénûment et de délabrement qui fait mal; depuis quarante ans, depuis que Napoléon l'a visité, il a énormément souffert, mais cette souffrance n'a pas été sans fruit; une main bien vigoureuse a coupé les mille têtes de l'hydre qui, auparavant, le gardait et le mangeait, mais cette main appartient à une tête qui, à elle seule, et pour accomplir cette œuvre de destruction, a mangé mille fois plus encore que les mille têtes de l'hydre. Aujourd'hui l'on ne voit plus, comme autrefois, à côté d'un bey cruel et vorace, un bey clément et miséricordieux qui laisse respirer ses villages; l'infortune est à très-peu près la même partout, et sous ce rapport l'Égypte a compris l'égalité civile. Ceci n'est pas une plaisanterie, cette commune misère a créé ou recréé une sorte de *nationalité* qui se résume dans l'*unanimité* avec laquelle le joug turc est détesté.

Je m'arrête sur cette idée qui est capitale, et qui doit servir de règle chaque fois qu'on fait entrer le nom de l'Egypte dans des combinaisons politiques; si cette idée est vraie (et j'affirme qu'elle est irrécusable), c'est une illusion complète de croire au retour de l'autorité des sultans sur l'Égypte, et ceci admis, la question orientale est débarrassée d'une difficulté dont la diplomatie s'occupe, je crois, outre mesure. Si cette idée est vraie, le peuple égyptien touche à des destinées tout à fait nouvelles, qui diffèrent du passé de toute la distance qui sépare la féodalité de Charlemagne de la monarchie de Louis XIV. Enfin, si cette idée est vraie, la race turque ne tardera pas à être déclarée ici, comme en Grèce, comme à Alger, comme dans les provinces conquises par la Russie, déchue de son droit à gouverner des peuples, trop jeunes encore pour marcher sans lisières, mais qui repoussent les langes dont les Turcs veulent continuer à les garroter; car ce n'est déjà plus ici *la race* turque, c'est *un* Turc qui règne.

Grâces soient rendues à l'homme qui a soustrait par le fait, sinon en droit, l'Égypte à l'autorité des sultans; grâces soient rendues à ce Louis XI, qui a fait sauter tant de têtes aussi nobles que la sienne, pour substituer un roi à une noblesse; grâces lui soient rendues, il a fait un corps des membres mutilés de l'Égypte. Les Bedouins voleurs ont été contenus et réprimés, presque disciplinés par lui, et ils transportent les caravanes qu'ils dépouillaient autrefois; les fellahs ont été armés pour la première fois par lui, et il a fait une armée et une marine *égyptiennes,* avec des hommes qui, jusque-là, étaient déclarés indignes de porter le sabre, les élevant ainsi au niveau de leurs maîtres; et, dans l'administration civile, il a substitué des Arabes aux agas turcs qui administraient ses préfectures; enfin, jusqu'ici il a fait d'immenses efforts pour retirer de l'Occident la science et les arts qu'autrefois les Arabes y ont portés; grâces lui soient rendues, il a brisé la plus grande partie des entraves que déjà Napoléon avait frappées de son épée et qui comprimaient l'essor d'un peuple qui a de bien belles destinées.

Et maintenant, si l'on suppose que, pendant vingt années seulement, ce peuple-enfant ne soit pas décimé par la guerre, que son activité éminemment agricole ne soit pas détournée maladroitement vers d'informes fabriques, qu'une administration quelque peu éclairée permette aux Européens d'asseoir sur cette superbe terre des exploitations que les Bedouins ne viendront pas ravager comme à Alger, que le transit de l'Inde soit favorisé, même sans chemin de fer et sans canal nouveau; enfin, si l'on suppose que, pendant vingt années seulement, tous ces gros mangeurs turcs absents, et quelques régiments français ou anglais, faisant *uniquement* la POLICE, l'Égypte, après ces vingt années, aurait fait un pas devant lequel les progrès les plus gigantesques des Américains eux-mêmes ne seraient rien.

Je vous l'ai dit plus haut, je ne crois pas qu'il y ait une seule forte tête politique en France, et surtout en Angleterre, qui ait renoncé à l'idée de voir un jour l'Europe assise sur le Nil, et, *par conséquent*, maîtresse en Syrie, afin d'aller embrasser l'Inde avec ses deux jolis bras de mer qui pressent l'Arabie ; mais je ne sais pas si ces Messieurs regardent cette idée comme susceptible d'une réalisation très-prochaine. D'un autre côté, cependant, il me paraît, d'après les faits que j'ai cités plus haut, et d'autres encore plus positifs, mais que je ne puis vous dire, que la réaction actuelle contre les Européens, tient ici à un instinct très-fin, éclairé peut-être par quelques ruses diplomatiques qui pressent cette velléité de visite européenne. On parle du désir de se rapatrier avec Constantinople, et de préférence marquée à l'égard du consul de Russie ; on prétend que les demandes d'éclaircissements sur les affaires d'Albanie, de la part de la France et de l'Angleterre, ont ici indisposé et contrarié beaucoup ; la réponse, comme vous l'avez vu, s'en est ressentie ; enfin, le souhait de voir venir ici les Français surtout, ou les Anglais, est formé assez journellement , en secret, parmi les Arabes, pour que, dans un pays où les murs ont des oreilles, il soit monté de la chaumière à la citadelle.

Après une vie aussi agitée, et jusqu'à Koniah aussi heureuse, un homme doué d'une activité aussi immense que Méhémet-Ali, voyant venir, avec chaque année, ou un désastre, ou une peste, et toujours une diminution de revenus et d'hommes, et n'ayant pas de but à quoi prendre cette immense activité, cet homme souffre et son humeur s'altère, et les passions que jusque-là il a su maîtriser et faire servir à sa fortune et à sa gloire, ces passions deviennent maîtresses à leur tour. L'homme qui fit empoisonner des beys et fusiller presque une armée de mameloucks, et qui par là délivra l'Égypte de ses mille tyrans; le musulman qui eut l'audace de vaincre le sultan et de lui voler jusqu'à la cité sainte, et d'affranchir ainsi l'Égypte de sa servitude à la Porte; le roi-négociant qui a fait de tout un grand pays un seul comptoir, et qui emmagasine comme un épicier tous les produits, depuis la fève jusqu'au café, cet homme-là sera, selon toute probabilité, dans ses vieux jours, *féroce*, *bigot* et *avare*, ou bien dans un an il faut qu'il soit sultan et qu'il meure. Un homme pareil peut toujours monter, il ne peut ni s'arrêter, ni descendre convenablement; or, depuis Koniah, il s'arrête et descend. Grand homme est celui qui toujours monte; doublement grand homme, celui qui peut descendre après avoir monté; triplement, celui qui sait monter, s'arrêter ou descendre, selon que Dieu le veut. Je crois Méhémet-Ali seulement un grand homme ; Napoléon le fut doublement : il sut descendre ; comme l'a dit, je crois, Barrault, il mourut longtemps et debout ; Méhémet-Ali mourra vite et couché.

Je me prends à faire aussi un peu trop de vieille politique ; revenons au bon peuple égyptien.

Il y a beaucoup d'hommes qui font de la politique seulement avec des cartes de géographie, et qui conçoivent les destinées des peuples uniquement d'après la forme de leur territoire sur la mappe-monde. Ceux-là peuvent divaguer souvent ; cependant il y a, sous ce point de vue, des choses tellement évidentes, que la géographie politique la moins exercée ne saurait s'y tromper ; telle est la destinée de l'Égypte à l'égard des nations européennes, asiatiques et africaines, c'est évidemment le jardin et le bazar de tout le vieux monde. Les Turcs peuvent-ils lui faire remplir cette destinée? Ici la géographie n'est pas suffisante, mais la moindre connaissance des deux races suffit pour affirmer que non, dans tous les cas, il ne saurait y avoir qu'une opinion sur ce que doit devenir l'Égypte ; les avis peuvent se partager seulement sur le moyen de l'y faire arriver. Mais si, au moment où j'examine froidement cette question, j'apprenais qu'une flotte française, d'abord armée pour une guerre possible avec l'Amérique, et une flotte anglaise préparée pour empêcher les Russes d'être maîtres aux Dardanelles, si j'apprenais, dis-je, que ces flottes ont ordre de faire autre chose qu'une promenade de mer, et qu'elles ont l'une et l'autre un plan de campagne, je me croirais fou ou bien je regarderais comme fou les auteurs des plans de campagne, si Alexandrie n'était pas désignée comme premier point à occuper, et comme le dernier à rendre après la campagne. Il y a plus, si les Français et les Anglais n'agissaient pas ainsi, les Russes eux-mêmes le feraient, sous prétexte de venger la légitimité du Sultan. Si la guerre contre la Russie se déclarait, il est évident qu'elle serait contre la Russie *et contre la Porte*, car ce serait à cause des faiblesses de celle-ci envers son amie que la guerre aurait lieu; ce qu'on nomme le droit en pareille matière, ne serait donc pas blessé par l'occupation de l'Égypte, puisque les nations européennes n'ont pas cessé de la traiter comme une province turque. D'un autre côté la possibilité de guerre avec l'Amérique et l'agrandissement de sa puissance maritime, doivent réveiller chez les nations européennes le désir de s'assurer définitivement le double passage de l'Inde à Suez et par l'Euphrate; or, je suis sûr que lorsque la France et l'Angleterre manifesteront la volonté ferme d'avoir ces deux passages, Méhémet-Ali, comme un avare et maladroit douanier, donnera mille occasions de rompre avec lui, comme déjà il a fait mille vilenies à l'expédition anglaise qui explore le passage de l'Oronte à l'Euphrate.

Mais je viens de parler, moi homme très-pacifique, de cette guerre presque universelle, représentée par la France et l'Angleterre d'une part, et la Russie et l'Amérique de l'autre; est-ce que j'y crois? oui, et je m'explique : les deux gouvernements *juste milieu*, la France et l'Angleterre, sont continuellement occupés, *à l'intérieur*, de continuer la république et l'autocratie, je trouve donc assez naturel *qu'à l'extérieur*, ils soient en guerre avec l'Amérique et la Russie, les deux grands représentants de la démocratie et de l'aristocratie. Déjà, sur une plus petite échelle, la France a combattu dans Anvers le plus raide des rois légitimes, et en Italie les plus ardents républicains. Que cette guerre *universelle* soit longue et très-meurtrière, je ne le crois pas ; il y aura, comme pour Anvers, un beau développement de science, le génie maritime probablement y brillera comme le général Hans; ensuite le système d'*occupation*, comme à Ancone, sera employé; mais tout ceci ne se passera évidemment ni sur le territoire russe ni sur le territoire américain, car aucun intérêt n'appelle les Anglais et les Français, chez ces deux peuples. Il y a plus, c'est que les quatre parties gagneront toutes à ce conflit général, parce qu'il montrera à chacune d'elles sa véritable route, la Russie marchera par Constantinople vers la Perse et la *Chine*; la France et l'Angleterre par Suez vers l'Inde et la *Chine*, l'Amérique en perçant Panama vers la *Chine*, car c'est de l'avénement de la *Chine* dans la politique des nations qu'est grosse l'époque actuelle. Ne m'appelez pas Chinois pour parler ainsi, mon cher Arlès; la chose est grave je vous assure, et quiconque, dans ses rêves de politique universelle (quand il s'agit de la France, de l'Angleterre, de la Russie et de l'Amérique, on peut bien dire politique universelle) n'englobe pas la Chine, ne peut voir clair dans la tendance actuelle des sociétés humaines. Je n'entends ici parler que des *théo-*

riciens politiques; quant aux *praticiens* je me garderais de prononcer avec eux le nom de la Chine, certain d'être, uniquement pour cela, traité comme un rêveur.

Avec eux je me bornerais à dire: prendre Alexandrie est la chose du monde la plus facile, Alexandrie prise, l'Égypte entière sans effort, accueille le nouveau venu, et se soulève contre les Turcs, en faveur desquels il y aura même des mesures très-actives à prendre pour éviter une vengeance trop rude. L'Égypte ainsi soulevée, il n'y a pas un seul soldat d'Ibrahim qui ne déserte de Syrie pour revenir dans son village, 30,000 hommes suffisent largement pour s'*emparer* de ces deux pays, encore ne serait-ce qu'une promenade militaire; 20,000 suffiront largement pour les *occuper*; les 10,000 autres seraient disponibles, soit pour Smyrne, soit pour garder quelque temps la mer, prêts à tout événement, sur les côtes, ou d'Égypte ou de Syrie. L'occupation devrait être anglo-française, 1° pour éviter toute tentative d'organisation *coloniale* selon la vieille mode; 2° pour que la rivalité même des deux occupants soit profitable au pays; 3° parce que les Anglais, qui ont beaucoup plus que nous le sentiment des intérêts commerciaux et d'une administration industrielle, ont toutefois beaucoup moins d'affinité que les Français avec le caractère arabe. L'armée d'occupation serait donc, avant tout, un moyen de *Police*, garantissant aux nationaux et aux colons étrangers ordre et liberté, et laissant aux gens du pays toute la justice civile et administrative communale. Pendant plusieurs années le pays n'a besoin que de cette forme de gouvernement pour prospérer ; des entreprises *d'intérêt général* ne peuvent être encore sagement conçues maintenant ; il faut que, par la paix, le travail et l'afflux des étrangers, la population, en se grossissant, tende à prendre son assiette naturelle, dont elle a été constamment détournée par le gouvernement des Turcs.

L'homme le plus influent dans la marine est un Français, dans l'armée de terre un Français ; d'un autre côté il n'y pas aujourd'hui, depuis qu'Adhem-Bey est disgracié, un seul Turc au service du Pacha, qui, par sa capacité, puisse faire regretter pour le pays l'expulsion *complète* de la race turque.

La Syrie a déjà eu tout le temps nécessaire pour voir qu'elle n'a rien gagné aux défaites du Sultan et à la prise d'Abdallah, pacha d'Acre ;

le désarmement des Druses, mesure admirable en regard de l'avenir, n'en a pas moins développé dans les cœurs une sourde colère; Ibrahim a beau, comme un propriétaire habile et avide, mettre en belle culture quelques villages, le pays entier n'en souffre pas moins des levées d'hommes et d'argent, et de la manie manufacturière dont on le travaille.

L'Edjas consomme toujours des troupes et de l'or, et il paraît que les propositions faites par le Pacha ne sont pas acceptées ; si l'on s'y bat encore, on y essuyera de nouvelles défaites.

On estime, je crois, à 20,000 le nombre des Turcs qui gouvernent aujourd'hui l'Égypte et la Syrie, et ces 20,000 hommes sont disséminés sur toute la surface du territoire, à deux ou trois par villages et quinze ou vingt par villes ; dans l'armée ils occupent tous les grades, depuis celui de capitaine; mais si vous saviez quelle est la relation qui existe entre l'officier et le soldat, vous seriez étonné de l'indiscipline que l'imitation franque a glissée entre ces hommes qui autrefois étaient dans la relation de maître à esclave. Dans l'armée, un capitaine ne peut pas mettre un soldat à la salle de police, sans venir faire juger le cas et le débattre, *avec le soldat lui-même*, devant le divan du colonel !

D'un autre côté ces 20,000 Turcs qui se sont encore recrutés dernièrement par les prisonniers de Coniah, ne sont plus, avec la capitale de l'Islamisme, dans une relation qui renouvelle vigoureusement les rangs que la mort éclaircit ; et enfin la Russie a fermé, en Circacie et en Géorgie, les marchés où s'achetaient autrefois les meilleures et les plus belles têtes de beys et de pachas d'Égypte. Aussi n'est-ce pas du tout par un sentiment d'amour pour les Arabes, que Méhémet-Ali les a peu à peu appelés aux postes inférieurs du gouvernement ; il y a été *forcé*, et ses propres paroles le prouvent, lorsqu'il répondait à un homme qui lui demandait pour les Arabes, dans l'armée, le grade de capitaine : *Oubliez-vous que nous ne sommes ici que 20,000 Turcs ?*

Cette queue de la race turque ne tient plus qu'à un fil qui se cassera de lui-même si on ne le coupe.

Ici toute la coterie arménienne, assez nombreuse dans le gouvernement, coterie rusée de drogmans et secrétaires, peu amie du malheur et désireuse de repos, girouette politique par excellence, pouvant être d'ailleurs très-utile, comme toutes ces bonnes girouettes, cette coterie, dis-je, loin de se croire attachée au sort des Turcs qu'elle encense toujours beaucoup, leur tournerait le dos avec la plus grande facilité, au premier vent doré qui soufflerait d'Occident.

Quant aux Coptes qu'on bâtonise et qu'on pend fort joliment, mais auxquels on n'a pas fait l'honneur d'accorder le droit de port d'armes, il y a en eux un avenir immense, digne de leur passé, que Napoléon avait vaguement entrevu à travers la fumée du canon, ce qui lui cachait la face pacifique et scientifique de cette belle race d'hommes. Vrais parias aux yeux des Turcs, ils sont pourtant traités assez en frères par les Arabes, non-seulement à cause de leur commune misère, mais aussi parce qu'ils sont les arpenteurs, compteurs, mesureurs, les seuls savants du pays, eux qui pourtant sont exclus de toutes les écoles gouvernementales. Cette classe d'hommes sera puissamment utile aux progrès industriels de ce pays-ci; elle est destinée au bureau et à la plume, comme le fellah au champ et à la charrue.

Le fellah! Quels cris de joie, quelles fêtes,

que de danses et de musique le jour où on lui dira : Ils sont partis ! il est capable, le fellah, de s'en réjouir jusqu'à oublier qu'il doit travailler pour vivre, et de faire *fantaisie* toute la semaine, sans savoir d'où lui tombera un pain pour le nourir, Allah-Kérim !

Je reviens sur une phrase qui au point de vue d'exécution, me paraît aussi importante que celle où je vous ai arrêté, sous le rapport théorique, et qui a trait à la *nationalité* égyptienne; je veux parler de l'*occupation anglo-française*.

Déjà, dans ma précédente lettre, je vous ai indiqué combien je trouvais vicieux le mode de colonisation ancien, qui n'a jamais eu que deux résultats, ou l'*extinction* de la population indigène, ou sa condamnation à l'esclavage, et dans les deux cas, l'existence d'une classe de colons qui conserve pendant des siècles le préjugé des *deux natures*, même quand elle abolit en droit l'esclavage, et qui tient à ce qu'on a voulu *posséder* et non *développer* le peuple et le sol qu'on enviait; il y a des hommes qui cultivent une femme, seulement pour qu'on sache qu'elle est à eux ; ceux-là sont de vrais barbares qui rapportent tout à la métropole, et qui finissent par perdre leur colonie. Gouverner un peuple comme *propriétaire*, ou influer sur son développement comme *ami*, telle est la différence que je pose entre les deux méthodes et je soutiens que la seconde est même plus *productive*, économiquement parlant, que la première. Je sais bien qu'on prétend qu'un propriétaire aime sa propriété autant qu'un ami ; c'est possible pour plusieurs et ceux-là ne sont pas mes amis : toujours est-il qu'il y a une différence entre des *choses* et des *personnes* et que les peuples conquis ont toujours été traités jusqu'ici comme des *choses*. Quand on a voulu en faire des colonies, la fureur de vouloir donner à ces nouveaux sujets sa langue, ses mœurs, sa religion, de prétendre savoir mieux qu'eux, quels goûts et quels travaux, quels plaisirs et quelles peines peut supporter leur nature, la fureur de les *gouverner*, en un mot, ou au moins de les *administrer*, a toujours amusé dans les temps modernes les peuples colonisateurs. Or, je serais curieux de voir faire un essai qui consisterait uniquement à les *policer* (avec et sans calembourg), c'est-à-dire à faire la *police*, et à leur donner l'exemple d'une civilisation plus avancée, plus *polie* et cette dernière partie, je vous assure, n'est pas la moins délicate ; sans vouloir faire le procès à nos aimables Français qui occupent Alger, je suis bien sûr qu'il en est plus d'un qui se croit beaucoup moins tenu à donner, par sa conduite, de bons exemples, que s'il était sous les yeux de ses compatriotes ; ce devrait être le contraire, et Napoléon seul l'avait senti, si l'on en juge par son merveilleux état-major qui venait baiser avec respect la terre sainte des pyramides. A Alger, nous envoyons les mauvais sujets de Paris ; soit, qu'ils aillent tous à Alger, la ville aux pirates, rien de mieux, car il faut bien qu'ils aillent quelque part ; mais pour Dieu ! si des Français touchent encore le sol sacré de l'Égypte, et cette terre plus sainte encore, où vécut le peuple de Moïse, où mourut Jésus, pour Dieu ! pas de faubouriens ; envoyez-nous quelques beaux régiments d'artillerie et du génie, des ingénieurs civils en masse, des géographes et des naturalistes, des peintres et des artistes ; allez, copiez Napoléon, il avait du bon, le héros !

Si donc l'occupation était anglo-française (ce qui serait d'ailleurs le moyen d'éviter les difficultés d'un partage impossible ou dangereux, les chefs militaires de cette occupation combinée seraient, pour ainsi dire, deux *ambassadeurs* ARMÉS, dont la mission serait, avant tout, de donner protection aux étrangers, et qui, pour cela et par supplément, maintiendraient la tranquillité dans le pays. Certes, dans les premiers moments, et avant l'installation d'un gouvernement national, ils auraient bien à exercer une fonction *gouvernementale et administrative*, mais sous le premier rapport elle se bornerait à l'installation la plus prompte de l'autorité *nationale*, et sous l'autre à *l'inventaire des propriétés publiques*, remises immédiatement à l'autorité locale sous certaines conditions de sûreté et d'ordre qui formeraient la capitulation. Ainsi, par exemple, il est bien clair que les armes et les arsenaux resteraient en leur possession, et que les terres non cultivées aujourd'hui et qui sont la propriété du pacha, leur seraient remises, afin qu'ils puissent attirer par elles les colons étrangers; de même, les bases générales du système d'impôt foncier et mobilier seraient posées; et quant à ce qui concerne les douanes, peut-être serait-on assez avancé des deux parts pour les annuler entièrement, en convenant d'ailleurs qu'en France, comme en Angleterre, aucun privilége spécial ne serait nouvellement accordé au commerce d'Égypte, à moins qu'il ne le fût également des deux côtés.

Plus j'avance en vous écrivant, et plus je m'aperçois que j'entre dans des détails d'exécution comme si la grande résolution était déjà prise, comme si la flotte combinée était aux portes d'Alexandrie ; c'est qu'en effet tout cela me paraît tellement amené par les événements politiques qui occupent actuellement le monde, et surtout par l'état actuel de ce pays, que je me laisse aller jusqu'aux dernières conséquences d'un fait qui me semble imminent.

Vous voyez, d'après les attributions colonisatrices que je suppose à l'armée combinée d'occupation, que cette armée ne devrait pas se composer seulement de militaires, et même que la partie civile devrait y être assez fortement représentée ; la quantité de terres vagues est et devient chaque jour plus considérable ; le nombre des établissements fondés par le pacha, par suite de vues économiques fausses ou inapplicables à la situation nouvelle de l'Égypte, et qui, par conséquent, devraient être autrement utilisés, est égalcment assez fort ; enfin l'étude du pays sous le rapport des arts est encore d'un intérêt tout neuf, parce que jusqu'ici ce sont plutôt des savants que des artistes qui ont vu l'Égypte, et que ceux-là ont vu l'*antique* Égypte, tandis que ceux-ci verront l'Égypte *actuelle* et rêveront l'Égypte *future* qui sera bien belle, un peu grâce à eux.

Mon Dieu! quelle terre, mon cher Arlès, quelle richesse! et cela dort; ou plutôt elle souffre, car elle fait peine à voir, chargée de hautes herbes inutiles, qu'elle nourrit spendidement, elle qui pourrait enfanter des fruits d'or. Pas une rose, pas une fleur, dans ce jardin du monde, qui un jour en sera couvert!

Ibrahim, sur la route d'Abouzabel, a fait quelques belles plantations qui envahissent le désert et le repoussent de quelques centaines de toises, mais le désert est entré dans le Delta lui-même! Vous savez, on vous a dit comment se mutilent tous ces pauvres fellahs du Saïd, pour éviter d'être pris par la guerre; pas un seul de ces beaux jeunes gens aux grands yeux, aux belles formes, qui n'ait trois ou quatre dents cassées, ou l'index coupé, ou un œil arraché. Et tous ces malheureux en guenilles, battus et volés si constamment, sont pourtant faits d'une pâte où fermente tant de vie, de plaisir et d'art, qu'ils sont encore beaux, mutilés sous leurs haillons, comme la terre du Nil sous ses grandes herbes.

Il y a ici, n'en doutez pas, pour l'Angleterre et pour la France, une immense compensation à l'agrandissement de la puissance russe sur la mer Noire. Eh! mon Dieu, qu'on laisse faire Nicolas, c'est un instrument de la Providence qui bâtit à la Méditerranée ses vrais contours; c'est lui qui vous enseigne, par son ardeur à marcher vers le soleil, où vous devez marcher vous-mêmes; ne l'arrêtez pas, marchez avec lui; n'avez-vous pas les jambes aussi bonnes?

Je sais que j'ai besoin de revenir encore sur la première question que je me suis posée : Qu'est-ce que l'Égypte? ne fut-ce que pour résumer les choses éparses que j'ai dites sur ce sujet.

L'admirable description d'Amrou, citée par Volney, est toujours vraie, quant à *ce peuple protégé du ciel, qui me semble destiné, comme l'abeille, à travailler pour les autres, sans profiter lui-même du prix de ses sueurs;* mais elle est inexacte, quant *aux trois choses qui contribuaient alors merveilleusement à la prospérité de l'Égypte. L'avidité fiscale* y a été poussée à un point excessif; *les revenus* qui devraient être *affectés à l'entretien des canaux, des ponts et des digues*, ont été absorbés par la guerre; enfin *l'impôt est prélevé en nature,* il est vrai, mais dans une proportion inouïe avec le produit total, et d'ailleurs l'impôt en nature le plus ruineux, celui des hommes levés pour la guerre, a dépassé toutes les bornes imaginables.

J'ai dit que la commune misère et l'unanimité de haine contre les Turcs était cause et signe de la nationalité arabe, cela est vrai; mais j'ai fait sentir que c'était par l'*unité* de pouvoir, instituée par Mehemet-Ali, sur les ruines du gouvernement des beys, que cette nationalité s'était constituée, et qu'elle s'était développée par l'admission progressive des indigènes aux fonctions militaires et administratives. Remarquons encore que les fonctions judiciaires et religieuses ont toujours été remplies par des Égyptiens. Il est bon également d'observer, dans ce peuple dont la grande base est mahométane, un phénomène de tolérance religieuse, dont, je crois, aucun peuple chrétien ne pourrait citer semblable exemple; depuis des siècles, musulmans, chrétiens, juifs, vivent ici en bien meilleure intelligence que n'ont vécu les sectes chrétiennes, dans nos pays civilisés; on dirait que les Égyptiens, dignes héritiers de leurs anciens prêtres de Memphis, n'ont pris du Coran que le mépris pour les *idolâtres* et l'amour pour les croyants en l'*unité* de Dieu. L'Égypte est sans contredit, de tous les pays musulmans, celui qui est le plus susceptible de communier avec la civilisation occidentale, et c'est aussi, de tous les peuples mahométans, l'Égyptien qui possède le plus un véritable amour de la *patrie*. Plus que partout ailleurs en Orient, et presque comme chez nous en France, l'Égypte renferme donc les deux conditions importantes à la vie d'un peuple, une tolérance *cosmopolite* et un *patriotisme* que sa constitution admirable et tout exceptionnelle renouvelle, pour ainsi dire, comme les eaux du Nil; car le fellah a besoin de revoir son village au moins une fois l'an, et il veut d'ailleurs, comme ses aïeux, avoir son tombeau là où fut son berceau. Mais ce qui la constitue nation avant tout, en ce moment, je le répète, c'est l'unanimité avec laquelle elle repousserait les turcs de son sein, et elle accueillerait des libérateurs. Pourquoi, direz-vous peut-être, l'Égypte qui déteste les Turcs, ne chasse-t-elle pas ces vingt mille hommes de chez elle? Si le temps est venu, comme disent les ennemis des *interventions*, qu'elle le montre, en faisant toute seule son affaire; sinon qu'elle attende encore — attendre quoi? d'être mangée davantage? Songez donc qu'il est dans son caractère de se laisser plutôt entièrement anéantir que de se *révolter*; depuis Amrou et avant lui, c'est toujours l'abeille et non la guêpe; la *résignation* est sa vertu capitale, elle ignore l'*impatience* du mal que les fléaux de Dieu font tomber sur elle; Allah Kerim! telle est sa vie, sa foi, sa loi. Faut-il en conclure qu'elle doit être sacrifiée à la gloutonnerie, à l'avarice, à l'ignorance et à l'ambition turques? Ce peuple si résigné, si ennemi de la révolte, je dirais même si chrétien en politique, qu'il voie un signe au ciel, qu'un drapeau français flotte sur Alexandrie, et le voilà criant vivat aux giaours et haro sur les Turcs; et ne croyez pas que ce soit dans un fol espoir d'*indépendance*, dans un vain désir d'être *affranchi* de toute *autorité*, dans un violent amour de *liberté*; non, il saluerait dans les giaours de nouveaux maîtres, espérant d'eux seulement un peu moins de pillage et de sévérité, espérant surtout que ses nouveaux maîtres ne feront plus de ses enfants des soldats. A notre restauration, le comte d'Artois avait dit, je crois : Plus de droits réunis, plus de conscription! C'est la même proclamation qu'il faut faire ici pour être accueilli avec enthousiasme, et ici, pareille promesse peut être tenue. — La misère et la guerre, les deux choses que l'Égyptien déteste le plus au monde, voilà ce dont il veut être délivré, et avec le travail et la paix il enfantera encore des merveilles.

J'ai dit aussi, en parlant d'une occupation combinée anglo-française, que tout partage me paraissait impossible ou dangereux, et pourtant il est clair qu'une distribution de travail serait nécessaire et inévitable, parce qu'il y a certains intérêts plus particulièrement chers ou à l'Angleterre ou à la France, qui attireraient spécialement l'attention des deux puissances. Ainsi il me paraît que l'influence anglaise devrait dominer en Syrie, et l'influence française en Égypte, parce que l'Angleterre devra particulièrement, du haut du Taurus, avoir l'œil, par-dessus l'Asie Mineure, sur les tentatives que les Russes pourraient faire vers la Perse et vers l'Inde, et que, d'un autre côté, la route du golfe Persique lui va mieux que celle de la mer Rouge. Théoriquement, ce partage, entre les deux puissances, de la Syrie et de l'Égypte, semblerait donc plus naturel et même plus facile qu'une occupation combinée; peut-être même, au bout de quelque temps, cette division s'opérerait-elle sans inconvénient, mais je la crois dangereuse au premier abord, pour les raisons que j'ai énoncées plus haut en faveur de l'occupation combinée, et je ne reviens ici sur ce sujet que pour faire intervenir l'idée de *division de travail* dans la *combinaison d'efforts* des deux puissances, que j'avais d'abord présentée peut-être d'une manière trop absolue. — Pratiquement, le chef de l'expédition anglaise devrait être là où est Ibrahim, le chef de l'expédition française où est Mehemet-Ali ; la marine française prendrait Alexandrie, et la marine anglaise Saint-Jean-d'Acre ; mais les deux pavillons flotteraient unis, sur la citadelle du Caire et à Jérusalem.

Dans tout ceci, j'ai négligé de tenir compte d'une puissance qui pourtant doit jouer, selon moi, un grand rôle dans cette crise générale, soit par sa position européenne, soit par ses tendances méditéranéennes; je veux dire l'Autriche. Je ne parle pas de ce qui pourrait être fait en Europe pour s'assurer son alliance ou sa neutralité, soit en lui promettant la complète possession de son grand fleuve, soit en l'arrondissant encore sur l'Adriatique; je ne veux même rien dire sur Tunis et Tripoli, où les vents du nord conduisent tout droit les vaisseaux de Venise, quoique cette côte me paraisse devoir suivre, tôt ou tard, la marche que prennent successivement toutes les possessions du sultan sur la Méditerranée; je veux me borner à signaler sa part d'alliance dans l'avenir de l'Égypte et de la Syrie. Or, je crois que lorsque ces pays seront occupés européennement, presque toute la colonisation agricole, et une grande partie du *cabotage* de la Méditerranée, seront alimentés par les sujets autrichiens. Par conséquent, dans la prise de possession des *terrains* à mettre en culture, en Égypte et en Syrie, de même que dans les arrangements *commerciaux* que le commerce indigène et de transit nécessiteront avec les puissances européennes, la part de l'Autriche devrait être large et avantageuse. Si la France et l'Angleterre voulaient, à l'exclusion des autres puissances et surtout de l'Autriche, faire le commerce du Levant avec le centre de l'Europe et la Russie, ce serait de la vieille politique monopolisante, ce ne serait pas suivre les indications *naturelles* qu'une vraie politique doit seule écouter. Si, de plus, ces deux puissances prétendaient donner des priviléges spéciaux à leurs sujets, pour les fondations agricoles que leur occupation ici doit faire naître, ce serait encore méconnaître la source où ces travaux *doivent* puiser leur force et leur prospérité.

J'ai raisonné jusqu'ici dans l'hypothèse d'une rupture complète entre la Russie et les puissances de l'Europe occidentale, et les conséquences que j'ai déduites de cette rupture me paraissent tellement inévitables et importantes pour ces pays, que j'en conclurais, par *réciproque*, la nécessité de la rupture, s'il n'y a pas autrement moyen d'obtenir ces conséquences; mais c'est une question grave de savoir si aujourd'hui les gouvernements ne sont pas assez avancés pour arriver, par voie diplomatique, un peu plus lestement peut-être, à des résultats qui seraient inévitablement la fin d'une guerre, épargnant ainsi l'effusion du sang et des dépenses considérables, et surtout la continuation d'un vilain procédé que l'humanité, dans ses progrès, répudie de plus en plus.

Toujours est-il que pour atteindre ces résultats, il faut se les proposer nettement, et avoir conscience de leur indispensabilité providentielle.

Or, l'expansion de l'Occident vers l'Orient est indispensable pour délivrer l'Occident du double fléau de l'apathie et de l'anarchie qui ronge et consume les âmes ardentes, aventureuses, glorieuses, qui n'ont plus rien à faire depuis Napoléon; elle est indispensable pour l'Orient qui, depuis trente ans, par ses réformes, montre assez combien il attend la science et l'industrie européennes, pour renouveler sa vie allourdie par plusieurs siècles d'opium musulman; elle est indispensable, inévitable pour la Russie qui y coule depuis un siècle avec une vitesse prodigieuse, et qui y porterait avec ardeur une énergie qu'elle occupe aujourd'hui contre l'Europe; elle est indispensable pour que l'Amérique méridionale et le Mexique naissent vraiment à la vie, car leurs progrès futurs, qui seront immenses, n'auront lieu que lorsque le grand Océan aura pris sa place dans la destinée commerciale du globe; elle est indispensable pour l'Inde qui ne peut plus se contenter de la route du Cap; pour la Chine enfin, qui doit aujourd'hui entrer dans la communion universelle des peuples.

Presque toujours, dans les grands événements humains, il existe des faits secondaires qui voilent les faits principaux, de telle sorte que l'événement capital se réalise ensuite comme fortuitement, mais ceci est vrai surtout plus on recule dans le passé de l'humanité; son progrès, au contraire, se manifeste par une prévoyance de plus en plus claire de l'avenir. Or, aujourd'hui la possession des Dardanelles est une de ces questions secondaires, et vraiment il y a de quoi rire, lorsque l'on voit argumenter contre la Russie, quant à cette possession, sous prétexte que ses établissements de la mer Noire prennent une extension prodigieuse. C'est précisément parce qu'elle y possède beaucoup de ports, parce qu'elle a le bois, le chanvre, le fer, le goudron, le cuivre, le cuir, le suif à bon marché, que vous voulez qu'elle ne possède pas les Dardanelles ! Mais à quoi lui serviraient donc tous ces bienfaits de Dieu ? Ne les a-t-elle que pour les vendre ou les laisser pourrir dans les steppes qu'elle veut au contraire défricher ? Oui, la Russie est forte sur la mer Noire, la mer Noire c'est *son* port, son port de construction, de manœuvre, d'exercice ; ne vous reste-t-il donc pas assez de mer pour vous ? Mais il ne s'agit pas des Dardadelles, surtout pour vous, Français et Anglais ; ne vous bornez donc pas à *nier* ce que vous *ne voulez pas* que la Russie possède, *affirmez ce que vous devez* posséder, au même titre que la Russie possédera la mer Noire, au titre de *nécessité naturelle*. Non, la question n'est pas aux Dardanelles, elle est entre l'Orient et l'Occident, entre le mahométisme et le christianisme, qui veulent se fondre, aux lieux où tous deux ont pris naissance. Heureuse époque où le croissant et la croix peuvent se rapprocher sans se briser, où des chrétiens, portant triple banière, grecque, anglicane et catholique, sont appelés comme des libérateurs et des amis par les enfants de Mahomet ! . . . .

Non, la question n'est pas non plus dans cette infortunée Pologne, à laquelle un czar a parlé en czar, non en gouvernement constitutionnel ; que nos politiques de cafés ou de journaux fassent de ce discours un motif de déclaration de guerre, c'est bon pour les badauds, et comme il y a beaucoup de badauds, le *Journal des Débats* a fort bien fait de parler pour eux ; mais plaise à Dieu que toutes ces choses ne soient, pour les vrais diplomates, que des motifs de rechercher, sous ces écorces amères et menteuses, le fruit que l'humanité doit cueillir !

C'est déjà un principe admis en économie politique de ne pas forcer la nature, de ne pas faire de vin en serres chaudes ; quand donc voudra-t-on aussi, en politique, obéir à la nature des choses, et ne pas contrecarrer la volonté de

Dieu? Dieu appelle et pousse la Russie sur Constantinople, comme il appelle et pousse la France vers le Nil, l'Angleterre vers l'Euphrate; est-ce que de grands prophètes, Pierre, Catherine, Napoléon et Pitt ne l'ont pas pensé ou dit assez fortement? Pourquoi donc se battre, si le sang versé ne doit produire que ce qui est prévu d'avance par le génie? Pourquoi surtout couvrir de prétextes frivoles un but qui, s'il était vu par plusieurs, serait bientôt unanimement désiré? D'un motif de guerre, on ferait ainsi un sujet de joie pour l'humanité. Et qui résisterait, bon Dieu! si la France, l'Angleterre et la Russie exprimaient de pareilles pensées? Et pourquoi ces trois puissances ne tomberaient-elles pas d'accord pour cette sainte alliance chrétienne, formant la dernière croisade vers les lieux saints, croisade pacifique qui réjouirait les grandes âmes de saint Louis et de Saladin?

Que la diplomatie s'empare donc du rôle de la guerre, c'est encore là une des preuves du progrès humain; si le grand prince des diplomates jette encore une lueur avant de mourir, je compterais plus sur lui et sur M. de Metternich que sur mille bataillons pour en finir convenablement avec les *barbares du Nord;* c'est à de pareils hommes qu'il appartient d'accoucher l'autocrate de l'enfant qu'il porte en son sein, de lui faire confesser son péché originel, sa convoitise orientale, en lui confessant pour l'Europe entière une convoitise semblable.

18 Janvier. Je viens d'apprendre que le pacha avait autorisé Soliman-Pacha à envoyer chercher en France, par Beaufort d'Haupoul, l'un de ses aides de camp, dix-huit officiers, dont quatre officiers supérieurs pour les besoins de l'armée de Syrie, et spécialement je crois pour le génie, l'artillerie et l'état-major; cette nouvelle est en contradiction avec celles que je vous ai données en tête de ma lettre; aussi, quoiqu'elle me soit affirmée comme très-vraie, je doute encore, sinon de sa réalité, au moins de son exécution. De plus, le consul général d'Angleterre est venu avant-hier d'Alexandrie; il a vu le pacha et retourne aujourd'hui même. J'ignore quel est le motif de cette courte visite; quelques-uns prétendent qu'il était venu pour tâcher de faire rentrer en grâce le général Sigura qui est son ami et en général l'ami des Anglais, mais je crois que le parti du général, de retourner en Espagne, était bien pris, et que la course de M. Campbell avait un autre motif. —Si la nouvelle relative aux dix-huit officiers est vraie, elle mérite que le gouvernement français ait l'œil sur son exécution, et que dans les permissions à donner à ces émigrants on consulte moins le désir de se délivrer de dix-huit officiers turbulents, mécontents, que l'envie de placer dix-huit hommes capables, dans une position qui pourrait être très-importante pour l'avenir.

Les petites intrigues et machinations contre les Européens me paraissent se diriger actuellement un peu contre Clot-Bey et contre Hamon, inspecteur du service vétérinaire; ce sont, au reste, les deux Français le plus fortement rétribués au Caire.

Le pacha se fait traduire l'ouvrage de Barrault sur mon exemplaire que m'ont fait demander ses drogmans. Il paraît que M. Mimaut lui en avait parlé à Alexandrie.

On nous annonce la fièvre jaune dans la Haute-Égypte, des accidents de peste au barrage, et toujours quelques cas rares à Alexandrie. Lorsque la Haute-Égypte envoie ici une maladie quelconque, elle est ordinairement très-meurtrière, mais il est possible qu'elle ne descende pas jusqu'au Caire. Cette nouvelle a, dit-on, suspendu le projet de départ du pacha; on a envoyé des médecins et on attendra leurs nouvelles.

Bruneau compte vous écrire pour vous recommander Jules Sonnerat qui rentre en France avec Urbain; c'est un homme qui vous ira, e que je vous recommande aussi très-fortement, mon cher Arlès; je crois qu'il peut vous être utile, par la connaissance qu'il a de la langue arabe et des habitudes de l'Orient. C'est le seul homme, parmi toute la colonie européenne, que nous ayions franchement et complétement, dès le commencement, rattaché à nous. Il a suffisamment vécu, et de bien des manières, pour avoir l'aplomb qu'il vous faut. Il a le désir, le besoin et la *puissance* de gagner de l'argent. Vous l'aiderez à cela.

Urbain retourne à Paris; il va rejoindre Duveyrier et David; vous savez mon faible pour les artistes, vous homme sincèrement posé et raisonnable avec qui je me suis lié à Francfort, parce que vous étiez la sagesse même, n'écoutant pas la folle imagination et les rêves des poëtes, n'aimant ni les spectacles, ni les jeux, ni le plaisir, ni les femmes, ni la blague; vous, homme de poids et grave, qui aimiez l'*empereur* par amour de l'ordre, la liberté par raison, le champagne par sagesse, et qui faisiez et chantiez le vaudeville avec moi par devoir et par dévouement. Je recommande au moins au vieil Arlès, à mon vieux camarade, tambour-major des voyageurs, l'un de mes enfants les plus chéris, l'un de ceux dont la voix m'a le plus caressé de douces paroles, dont le souffle inspiré m'a, sur les yeux, le plus séché de larmes.

Encore un petit mot sur la politique. Un politique de ce pays disait l'autre jour qu'il n'était pas vrai que le pacha fût plus aimable avec le consul de Russie qu'avec ceux de France et d'Angleterre, parce que les représentations de Nicolas, en faveur de son ami Mahmoud, relativement aux affaires d'Albanie, avaient été aussi vives que celles de la France et de l'Angleterre. Eh bien, moi, je prétends, quand bien même ce fait serait vrai, que la Russie a bien pu s'opposer à ce qu'en 1832, Ibrahim prît Constantinople, mais qu'elle n'a pas du tout été fâchée qu'il ait pris la Syrie, quand bien même ses diplomates auraient dit le contraire, et qu'elle ne serait pas du tout en colère, si l'Albanie, comme la Grèce, échappait à son ami. C'est une des manières d'avoir tout naturellement Constantinople ; quand il ne restera plus au sultan, vers le nord de son empire, que sa capitale, il sera bien plus naturel alors qu'il aille à Bagdad. D'un autre côté, je sens bien qu'il ne peut y avoir ici une affection vraie pour Nicolas, et que même on y a très-nettement conscience de la volonté du czar de trôner là où l'on voudrait trôner soi-même; mais si un chef de l'islamisme doit rendre à l'Occident les clefs de la ville de Constantin, ce chef ne pourrait-il pas être Mehemet-Ali ou Ibrahim lui-même qui a déjà les clefs de la Mecque et de Médine, où il ne manque plus que l'étendard du prophète pour être, aux yeux des croyants, le légitime successeur de Mahomet? Une transaction pareille, difficile peut-être avec Mahmoud, propriétaire actuel de Stamboul, ne pourrait-elle pas être très-facilement faite avec le plus grand des princes musulmans après Mahmoud? Je crois que c'est là, au fond, le vrai motif qui dominerait les relations du pacha avec la Russie, quand bien même le motif ne serait pas aussi nettement formulé dans la pensée de Mehemet-Ali. — Dans tous les cas, je ne vois pas cette idée indifférente à introduire dans les combinaisons de la politique orientale.

21 Janvier. On n'a pas tardé à savoir le but

de la visite de M. Campbell; le voici : il a apporté au pacha un firman du grand seigneur, obtenu sur la demande de l'ambassadeur anglais à Constantinople, et remis à celui-ci, ordonnant à Mehemet-Ali de laisser entièrement libre le commerce des soies en Syrie, et particulièrement avec les Anglais, conformément aux anciens traités qui unissent la Porte avec l'Angleterre. Le pacha a répondu qu'il allait faire mettre à exécution ce firman, et même prié M. Campbell de veiller lui-même à cette exécution. On assure toutefois que cette démarche, au fond et dans la forme, lui a été très-sensible; elle paraîtrait, en effet, assez inconvenante, si, à ce qu'on assure, le pacha n'y avait donné lieu lui-même, par ses réponses à l'occasion de l'expédition anglaise de l'Euphrate. On prétend qu'il répondit au consul anglais qui lui demandait de protéger et aider cette expédition : *Vous savez que je ne suis pas maître; je ne sais si cette entreprise est bien vue par mon souverain; obtenez de lui des ordres et j'exécuterai.* Il paraît que M. Campbell a voulu le faire repentir de cette parole, et qu'il l'a prise à la lettre, pour l'affaire des soies, dont il avait été d'ailleurs question aussi, et sur laquelle Ibrahim n'avait pas manqué de porter sa main aussi monopoléphile que celle de son père. — M. Campbell va, dit-on, partir pour la Syrie. Vous voyez qu'il va prendre la position que je vous indique comme étant celle de l'Angleterre. Notez qu'il y a, en effet, plusieurs maisons anglaises assez importantes qui s'occupent des soins de ce pays-là[1], ce qui cadre avec vos propres vues commerciales transmises à Bruneau.

28 Janvier. — Il paraît décidé que la peste est dans la Haute-Égypte. Ici nous avons eu quelques cas qui n'ont pas grande importance, mais qui malheureusement nous laissent encore quatre grands mois devant nous pendant lesquels le mal peut sévir comme l'année dernière, car c'est en février seulement que Fourcade mourut et ouvrit cette rude campagne.

21 Février. — Vous voyez, cher ami, que je mets le temps à finir ma lettre ; c'est que je ne voulais pas la confier à notre poste, et que j'attendais le départ d'Urbain et de Jules.

Rien de bien nouveau depuis le 28 janvier, ni pour la peste ni pour la politique, autre peste.

Mahmoud-Bey, ancien ministre de la guerre, l'un des plus grands personnages du pays, est mort près de Bénissouef; on a rapporté son corps ici. Le bruit a couru qu'il était mort de la peste avec trois de ses mameloucks ; et aussitôt le pacha s'est mis en quarantaine d'observation à la citadelle, et a fait ordonner la même mesure dans les établissements publics ; deux jours après le pacha rompit cette quarantaine. — Comme il arrive toujours à la mort d'un grand, on a beaucoup parlé de poison ; je n'y crois pas, parce qu'il n'y avait pas de motif politique, du moins connu, et qu'on ne pourrait alors attribuer cela qu'au désir de s'emparer d'une assez riche succession, il est vrai, et surtout d'un beau palais, et à l'envie d'économiser sur le budget les appointements assez considérables dudit Mahmoud-Bey (200,000 francs environ). La seule chose qui pourrait expliquer un tel moyen, ce serait un lien entre Mahmoud-Bey et Constantinople, mais je n'y crois pas, au moins formé par Mahmoud-Bey lui-même ; peut-être la Porte faisait-elle sonder ses dispositions, en cas de mort de Mehemet-Ali, ou en cas de guerre ou révolte, mais certainement Mahmoud-Bey était passif en tout ceci. C'est lui, vous vous le rappelez sans doute, qui était administrateur des barrages, et qui figure dans notre fête du 15 août écrite par Barrault.

A propos de barrages, le pacha médite une

chose qui va ameuter contre lui tous les blagueurs et oisifs européens, les touristes surtout. Il a envoyé, il y a trois jours, Mouktar-Bey, Artyn-Effendi et Linant visiter les Pyramides, pour voir celle qui conviendrait le mieux pour jeter dans le Nil au Barrage. Vous voyez qu'il n'y va pas de main morte. C'est une grande et poétique idée, comme beaucoup d'idées de ce prince, mais elle sera difficilement comprise par nos écrivassiers et nos bavards. Mehemet-Ali ne démolira pas plus cette pyramide qu'il ne fera le Barrage, car la destinée de cet homme est un peu comme celle de Saint-Simon, de faire des programmes, mais ses programmes sont grandioses, pyramidaux. Barrer le Nil et féconder la terre d'Égypte en couchant une de ces vieilles ruines dans le fleuve, c'est certes la plus belle transformation que l'on puisse faire subir à ces grands témoins de la puissance du passé, et il est beau que l'homme détruise pour pareille œuvre ce que le temps tout seul ne peut détruire; qu'il respecte et restaure même ce que les siècles démolissent, très-bien; mais qu'il redonne de la vie, une vie nouvelle et plus utile, et plus grande, à ce que les siècles ne peuvent pas tuer et respectent, c'est encore mieux : c'est le progrès substitué à l'immobilité. Je serais fort étonné si vos journaux, en anonçant cette nouvelle, ne se hâtaient pas de mettre cette pyramide sur le dos des saint-simoniens, et s'ils n'accusent pas ces vandales, ces barbares d'avoir inspiré un nouvel Omar; ils n'auraient pas, au reste, complétement tort.

Probablement, aussitôt après l'arrivée de Duguet, je partirai pour la Syrie; écrivez-moi cependant par l'intermédiaire du consul de France à Alexandrie. Selon les lettres que je recevrai de France, selon les inspirations que je puiserai en route, selon surtout ce que vous répondrez à mes lettres, j'arrêterai de suite le plan de mon voyage; Constantinople se trouverait au bout que je n'en serais pas surpris.

Adieu, mon cher Arlès, serrez la main à Drut et à Decaen; je voudrais bien apprendre que celui-ci nage aussi en pleine eau. Quant à Drut, je suis bien sûr que ses affaires vont toujours piano, mais solidement. — Un souvenir bien affectueux à votre chère femme.

P. E.

R.F.

Paris, imprimerie Paul-Dupont, rue Jean-Jacques-Rousseau, 41. (3943,11-2)

www.ingramcontent.com/pod-product-compliance
Ingram Content Group UK Ltd.
Pitfield, Milton Keynes, MK11 3LW, UK
UKHW020117200726
13856UKWH00002B/590

9 782012 465008